子どもの
発達の理解から
保育へ

——〈個と共同性〉を育てるために——

岩田純一 著

ミネルヴァ書房

はじめに

　自分の研究史を振り返りみる時期にもなった。筆者が院生の頃には，ピアジェやブルーナという心理学者がわが国の発達研究にも大きな影響力をもち始め，学会ではピアジェの追試的な研究で花盛りの様相であった。筆者もその例にもれず，幼児における保存概念や空間認識に関する実験を行っていた。同じ2つのビーカーに同じ高さだけ水を入れ，それらが同じだけあるかどうかを子どもに確かめたあと，一方をそれより太いビーカーに移し，そのあとそれと他方のビーカーの水が「同じだけ入っているか，それともどちらが多いか？」と質問する。すると幼児では水面の高さに惑わされ，水位が高い方のビーカーにより多く入っていると答えてしまう。みかけの水位が変わっても量は不変であるという保存の概念がまだみられないのである。そのような子どもに，移されたビーカーの水位がみえないようにスクリーンで遮蔽して判断させるといった経験が，子どもの保存概念の形成を促進するかどうかの追試的な検証を行った。また，幼児では自分の場所からみえている目の前の光景が，それを向かい側からみている他者の目にはどのように異なってみえているかを思い描くことは難しい。たとえば，ターンテーブルの上に並べられた積木の刺激布置が反対側にいる人形にはどのようにみえているかを予測させる課題では，うまく空間の表象を変換して人形からのみえ（自分には右の物が人形には左に，手前の物が向うにみえる）を予測することが難しいのである。そこで，①自分と反対の人形の位置へ実際に回って刺激布置を観察してみる，②ターンテーブルを自分の側へ回して観察してみるといった2種の条件が，のちの予測課題にどのような経験効果を及ぼすかなどの研究を行った。

　国立国語研究所に入ってからは，大きい・小さい，長い・短い…といった空間的な量を表す概念語や，野菜，果物，植物，生物…といった類概念語の範疇的な意味がどのように形成されていくのかの調査実験を行い，これらの研究は

i

後の学位論文の中心をなした。金沢大学へ移ってからは，児童の比喩的な表現の理解を実験的に研究し，乳幼児の比喩表現の収集ならびに分析，幼児絵本や国語教科書に出現する比喩表現の調査・分析などを行ってきた。そのあと京都教育大学へ移ってからも，学生・院生の論文としてはやはり調査や実験的な手法による研究をずっと指導してきた。

しかし現場の保育をみる機会が増すにしたがって，しだいに具体的な子どもの生活を観察する，それをエピソードとして記録する，そこから出発して子どもの発達を描いていくことに興味や関心を抱くようになってきた。たしかに巧みな実験や調査は子どもの発達を探る上で重要な手立てとなる。しかし，それだけではどうも子どもの発達を描き切れないのではないかといった疑問や，ますます細分化・抽象化されてくる実験的な研究から導き出された発達の描写は現実の子どもの姿とはどうもそぐわないといった実感が，発達研究のそもそもの原点であった生活者としての子どもに立ち還ってみるべきであると考えさせるようになった。子どもの観察は発達研究を導いてくれる原点にあり，横断的，縦断的に積み重ねられた部厚いエピソードから発達というストーリーを編み上げていくことへ片足を移すようになった。その試みはじつに楽しく刺激的な作業であり，ときに実験的な研究仮説や研究へのヒントを与えてくれる発想の原点にもなるように思える。

このように筆者は具体的なエピソードを織り合わせながら，幼児期にかけて〈わたし〉の世界が成り立っていく過程を軸として，そこに，ことば，認識，感情，対人関係，他者理解…といった側面がどのように関連しながら発達していくかをトータルとして描きたいと願ってきた。それは『〈わたし〉の世界の成り立ち』（金子書房），『〈わたし〉の発達』（ミネルヴァ書房），『子どもはどのようにして〈じぶん〉を発見するのか』（フレーベル館）といった著書として刊行することができた。本著においてもその基本的な姿勢は変わらないままである。さらに，本著が保育実践（者）と発達研究（者）をつなぐような役割を果たせることを願いの一端としている。本著の内容のうちの多くは，あちこちの講演や講義などで話した内容がベースとなって書き下ろされたものである。便

はじめに

宜的に「子どもの理解と保育」「子どものことば」の2部に分けられてはいるが，いずれの部も，その章も，その内容は〈わたし〉の発達を念頭において構想されている。読者には，どの部のどの章から切り出して読んでもらってもよいであろう。

　それでは，子どもの発達の理解と保育をめぐるいくつかの問題について考えていくことにする。

目　次

はじめに

Ⅰ部　子どもの理解と保育

1章　幼児の保育がめざすもの──〈個と共同性〉の育ち …… 3
 1　はじめに …… 3
 2　保育における不易 …… 4
  年少児の頃 …… 5
  年中児になって …… 11
  そして年長児へ …… 18
 3　まとめに …… 27

2章　協同性の育ち …… 29
 1　はじめに …… 29
 2　「協同性の育ち」への視点 …… 30
  共同性の意識から協同する活動へ …… 31
  個と共同と「協同」の関係 …… 31
  各領域を超えて …… 32
 3　協同する体験を支える環境 …… 32
  目的や行動への意欲を共有できる環境作り …… 33
  自立性・能動性を引き出す環境作り …… 38
  もう1つの協同する関係作り …… 40
 4　まとめに …… 41

3章　学び合う姿の原点——幼小の連携という視点から　……43

1. 幼稚園での学びとは ……………………………………… 43
2. 遊びを通して学び合う …………………………………… 46
   - 教えるという行為 …… 46
3. 「学び」の環境移行 ……………………………………… 50
   - 異質な「学び」へ …… 50
   - その異質性とは …… 52
4. 幼小の連携や接続に向けて ……………………………… 53
   - 〈その後の教育の基礎〉となるには …… 55
   - 「学び」の接続をめざして …… 57
5. まとめに …………………………………………………… 61

4章　保育のなかの幼児理解 ……………………………… 63
　　　——子どもを〈みる〉とはどういうことか

1. どのように〈みる〉のか ………………………………… 63
   - 線として〈みる〉 …… 63
   - 面として〈みる〉 …… 66
   - 経験知を生かして〈みる〉 …… 67
   - 発達の研究や理論を枠組みとして〈みる〉 …… 71
   - 共感して〈みる〉 …… 80
   - よくみえる位置に立って〈みる〉 …… 82
2. 保育者が子どもを〈みる〉とは ………………………… 82
   - 〈みる〉が〈する〉に …… 83
3. まなざして〈みる〉 ……………………………………… 85
   - 鏡となる保育者のまなざし …… 85
   - 鑑(かがみ)となる保育者のまなざし …… 88
4. まとめに …………………………………………………… 92

5章　保育のエピソードから何を学ぶのか…………………93
1　子どもを〈みる〉という行為…………………93
2　エピソードをとる…………………94
3　エピソードによる子どもの理解…………………97
4　エピソードのなかの保育者…………………101
5　エピソード記録はどのようにして保育に生かされるのか…………………105
　　エピソード記録を保育に生かすには……107
6　まとめに…………………114

II部　子どものことば

6章　ことばが育つということ…………………119
　　──〈わたし〉の発達という視座から
1　自他の交感から交換へ…………………119
2　他者性との出会い──自他の分かれ…………………120
3　三項的な関係のなかで──自己言及の始まり…………………121
　　ことばによる伝え合いへ……121
4　自我の芽生えとことば…………………123
5　園という新たな場のなかで──共同の生活のなかで…………………124
　　自分とは異質な他者ゆえに……125
6　まとめに…………………128

7章　幼児期のことばの育ち……131

1　年少児という時期——自己中心性……131
　会話年齢とはいうが……131
　〈わたし〉が中心に……135

2　年中児という時期——他者の心の理解……140
　他者の心を代弁する……145

3　年長児になって——他者の心の理解が深まる……148
　間接的な発話行為……148
　表現意識の育ち……151
　新たな他者の心の理解……154

4　保育者のかかわり……158
　中継者として……158
　交通整理者として……161
　司会者として……162

5　まとめに……167

8章　からだが響き合う・ことばがつながる……169
　　　——ことばと身体性を考える

1　響き合うからだとことば——ある事例研究会から……169

2　からだの2つの響き合い——相補的な響き合いと同型的な響き合い……174

3　まとめに……176

9章　一次的ことばから二次的ことばへ……179

1　はじめに……179

2　一次的ことばから二次的ことばへの発達……179
　「話す」から「語る」へ——二次的な話しことば化……180
　ストーリーとして語る……184
　表現意識の育ち……190

3　新たな二次的ことば──書きことばへの誘い(いざない) …………………… 193
　　4　まとめに ………………………………………………………… 196

10章　子どもと名前 ……………………………………………… 199
　　1　〈わたし〉の名前の理解 ………………………………………… 199
　　2　名づけという行為 ……………………………………………… 201
　　　　パーソナルな名づけ …… 201
　　　　名づけの恣意性 …… 203
　　3　人の名前がもつ意味 …………………………………………… 204
　　　　自分と名前 …… 206
　　　　自分の名前を隠す …… 209
　　　　名前の呼び捨て …… 209
　　　　あだ名 …… 212
　　　　自己を名前で紹介する …… 212
　　4　まとめに ………………………………………………………… 214

むすびに
参考文献
索　引

Ⅰ部　子どもの理解と保育

　Ⅰ部では,「子どもの理解と保育」といったテーマに関する内容が論じられている。まず幼児教育の根本という視点から,そこでめざされるべき保育の課題や子どもの育ちを考える。さらに幼児期の学びが,それ以降の学校における学びとどのように異質であるかを比較し,その上で,その学びをいかにその後の教育の基礎として接続していけるかを考えてみる。以上の内容が1章から3章にわたって述べられている。

　子ども理解は保育の実践にとって重要な前提となるものであるが,それでは子どもをどのように理解していけばよいのであろうか。そこで4章では,子どもの育ちの見方,子どもの理解の仕方についていくつかの提案をしてみたい。さらに保育者の子どもの見方,子どもの理解の仕方が子どもの育ちに大きな影響を与えていくことに言及している。また最後の5章では,保育者にとって子どもへの理解を深め,自らの保育実践を深めていく大切な手立てとなる保育エピソードの記録について扱っている。そこで,保育におけるエピソード記録とは何か,その意義や保育のエピソードを自らの保育に生かしていく要件などについて論じている。

1章　幼児の保育がめざすもの
　　　——〈個と共同性〉の育ち

1　はじめに

　幼稚園教育要領は，子どもを取り巻く社会の変化や，それに伴う育ちの問題へ対応して10年ごとに見直されてきた。2008年の改訂も，近年の子どもの育ちから，基本的な生活習慣の欠如，食習慣の乱れ，自制心や規範意識の希薄化，コミュニケーション能力の不足，小学校生活にうまく適応できないといった諸問題に対応すべくなされている。また，家庭教育力の低下，母親の就労状況や，母親の保育への意識といった育児環境をめぐる変化も考慮されている。

　それらを踏まえた今回の改訂の概要にはいくつかの観点がみられる。それらは，「発達や学びの連続性を踏まえた幼児教育の充実」「幼稚園生活と家庭生活の連続性を踏まえた幼児教育の充実」「子育ての支援と預かり保育の充実」といった改訂の柱である。ここでは，とくに「発達や学びの連続性を踏まえた幼児教育の充実」という点に絞って考えてみたい。この充実にあたっては，さらに2つのポイントがあげられている。それは〈幼小の円滑な接続〉と〈子どもや社会の変化への対応〉である。〈幼小の円滑な接続〉の背景には，小1プロブレムにみられるように，小学校生活にうまく適応できない子どもたちの問題があげられる。この〈幼小の円滑な接続〉をめざしては，今回の改訂で幼稚園教育が義務教育及びその後の教育の基礎を培うものとして初めて位置づけられ，幼稚園と小学校の教師が子どもの実態や指導のあり方について相互理解を深めること，幼児と児童の交流を図ることなどが方策として書き加えられた。また，仲間と協同する体験を重ねること（協同する力を培う），規範意識の芽生えを培

うことの必要性が唱えられ，それらは領域「人間関係」の内容に新たに盛り込まれた。〈子どもや社会の変化への対応〉に関しては，ことばによる伝え合いができるようになること，体を動かすこと，食に関する活動を充実すること，表現に関する指導を充実すること，友だちと遊ぶなかで好奇心や探求心を育て，思考力の芽生えを培う，子どもが自信をもって行動できるようにすることなどが強調され，それらに対応する5領域での文言の改訂がなされている。

2　保育における不易

　たしかに，時代や社会の変化に対応して教育要領の改訂は必要になってくる。しかし，そのような変化のなかにあっても保育の普遍的な課題があるように思われる。そのような幼児教育にとっての不易の課題とは何であろうか。

　家庭から入園してくる子どもを考えてみよう。子どもは，いきなり見知らぬ保育者や多くの仲間たちがいる集団のなかに投げ込まれる。そこで，自分の勝手通りや都合通りにはならない，自分の理解を超えた異質な他者（他者性）と出会うことになる。そのなかで仲間と共に生活するためには，それら異質な仲間が関与する共同での生活をいかに作っていくかを学ばねばならない。他方においては，そのような共同の生活のなかで，いかに個としての生活を作っていくかも大切になってくる。一人一人の個としての生活も充実していけるような集団の場における共同の生活作りである。このような個と共同の生活作りとその充実こそ，子どもにとってだけではなく保育者にとっても，まさに保育の不易な課題となるのではなかろうか。

　保育所では0歳児から集団での生活が始まるが，遊びや生活のなかで子ども同士の相互交渉が活発になり，本格的に仲間の他者性と出会うようになってくるのは，やはり3歳児の頃からである。そこで本章では，幼稚園の年少児から年長児にかけて共同の生活がどのように形成されていくのか，それと平行して個の生活がどのような変化をみせるのかといった視点から，個と共同性の育ちの過程や，それらの育ちを支える保育者のかかわり方を素描してみる。以下で

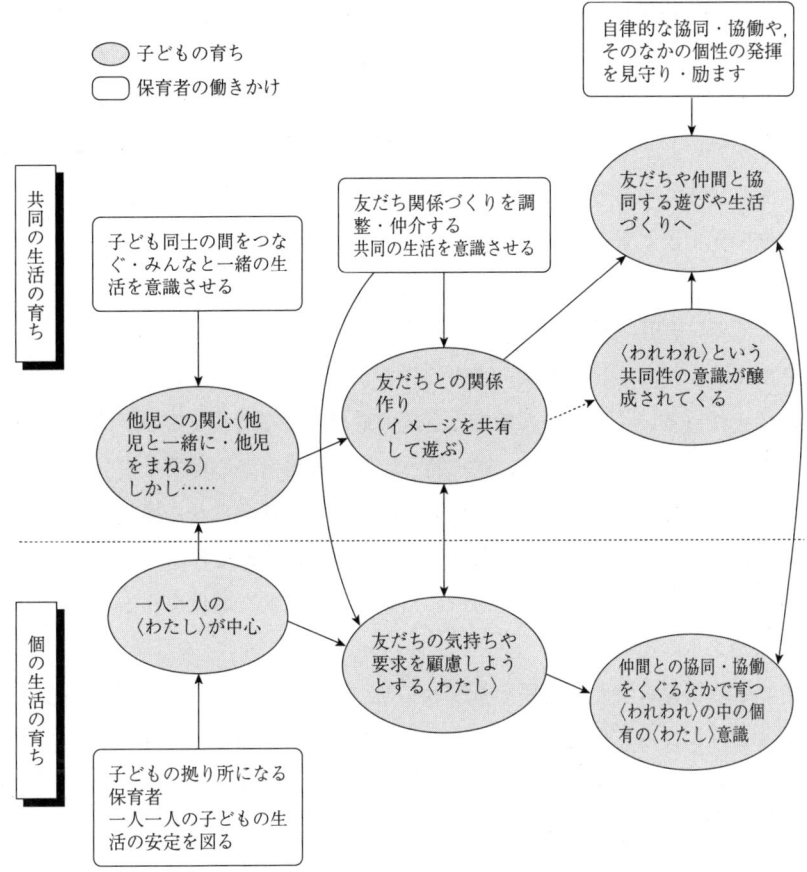

図1-1 幼児期の個と共同性が育つプロセス（岩田，2010b）

は，クラス年齢を想定して素描した図1-1に沿って述べていくことにする（岩田，2010a）。

年少児の頃

(1) 一人一人の安定した生活作り

年少児でも，1年間の育ちには目覚しいものがある。入園当初，子どもはま

ったく見知らぬ保育者や仲間がいる場のなかに入っていかなければならない。それは子どもにとって不安と緊張に満ちた危機的な状況でもある。子どもを送った母親が帰ろうとすると「ダメ」と手をもって離そうとしない子ども,「お母さんがいい」とずっと泣いている子どもが必ずみうけられる。しかし,連休明けもしばらくすると,母親が帰っても以前のようには泣かなくなってくる。園の玄関先で子どもの方から母親に「バイバイ」と別れることができるようにもなる。また,「ぼく,きょう泣かへんかったで」と誇らしげに言うようにもなってくる(岩田,2005)。

そのような初めの状態では,まず園のなかで一人一人が安定して居られる生活の場を作っていくことから始まる。その最初の拠り所となるのが保育者である。泣いている子どもを慰め,膝に抱っこする保育者が心理的な安全基地になってくる。自分を守ってくれ,自分が信頼して身を任せられる拠り所としてである。すると,子どもはその保育者の名前を最初に覚えて呼ぶようになる。このように,まずは保育者との一対一の信頼的・情緒的な関係を作ることから園生活は始まるのである。

そのような保育者との関係を基盤として,子どもの関心はしだいに他児へも向かうようになる。他児のすることをまねるとか,他児と同じ遊びをしようとするようになるのである。そこに,異質な仲間とのかかわりが始まることになり,そのなかで子どもは友だちの名前も覚えるようになってくる。

他児とのかかわりが始まると,「〜ちゃんがとった」「〜ちゃんが壊した」「貸してくれない」と物をめぐるいざこざも生じてくる。逆に,このようないざこざが自分とは違う他児の存在を意識させることになる。そこで保育者は,「"入れて"は?」「"貸して"は?」「"ありがとう"は?」「"いいよ!"って」「仲良ししてあげて」と,子ども同士の関係をつないでいくのである。

仲間への関心の高まりは,「どうして〜ちゃん休みなの?」「〜ちゃんいないよ」と,欠席している仲間を気にかける行動としてもみられる。夏休みの頃までには,一緒に遊びたい,牛乳を飲むときなど横に座りたいお気に入りの友だちもできてくる。すると,席の取り合いといったいざこざもみられるようにな

ってくる。年少児も後半になると，つぎのようなエピソードもみられる。

　◆牛乳を飲む時間になり，テーブルの席に座ろうとしている。K男はF子に「〜ちゃん，いっしょに座ろう」と何回も懇願するが，F子は黙ったままK男とは別のテーブルにあるイスに座ってしまう。K男「きのう，ぼく約束したのに，どうして破るの，ダメ」と，K男はF子の横のイスにきて座る。横に座ったK男はF子に「〜ちゃん，あしたいっしょに遊ぼう，絶対，約束破ぶらんといてな」と声をかける。別のテーブルに座っている隣同士の女児のやりとりからも「あすも遊ぼう，家に帰って」と約束を交わしている声が聞こえる。　　　　　　　　　　　　　　　　（2月）

　子どもの関心はしだいに周囲の仲間に向き，仲間がしている遊びを同じにまねてする。やがて子どもたちが連なって園内の探検ごっこをしたり，一緒にピクニックごっこに出かけるといった遊びがみられるようになるが，それぞれが思い思いのイメージで行動しているだけで共同の遊びとしてはなかなか持続していかない。一緒にごっこ遊びをしているようにみえても，お互いがイメージを共有して遊ぶことが難しいのである。例として仮面ライダーごっこをあげてみる。3人の年少児が仮面ライダーになりきって遊んでいる。よくみると，それぞれの子どもはみな「ぼく仮面ライダー」である。そして，お互いが他の2人を悪者にみなして「エイヤー」とキックし合っている。そのうち1人の男児のキックで，蹴られた子どもが泣きだしそこで遊びは終了である。これは3歳児の典型的な遊びの様子である。一緒に遊んではいても，自分の遊びイメージだけを一方的に通そうとするだけで，まだ仲間のイメージを受け止め，仲間と遊びイメージを共有しながら遊ぶことが難しいのである。したがって，相互のイメージが衝突しないときは，相補的な役割をもったごっこ遊びがみられるようにもなる。たとえば，一方が容器にお茶を入れると他方がそれを飲むふりをする，トラックをもってくると他方がそこにブロックを積む，人形の赤ちゃんを寝かせると別の幼児が聴診器をあて診察するふりをする，といった単純な遊びである。しかしながら，それ以上の遊びへとはなかなか進展していか

ないようである。

　つぎのエピソードは2月の半ばに，大阪教育大学附属幼稚園での公開保育をみせてもらったときのものである。

　　◆砂場で年少児の数人が遊んでいるが，そのうち〈くら寿司〉ごっこが始まった。他の子どもが型から抜いた砂を乗せた皿を，1人の子どもが砂場の枠縁に沿って移動させていく（回転寿司のイメージ）。一回りするとそこで食べるふりをして，食べ終わった皿を砂場の隅に掘った穴のなかに入れていく。子どもたちに共通する体験があるため，〈くら寿司〉ごっこという遊びが始まったのであろう。しかし，よくよく遊びをみていると，〈くら寿司〉ごっこという共通のテーマであっても，最初のうちこそ一方が他方の皿に砂を入れていくといった様子がみられたが，そのうちにそれぞれが自分のイメージでバラバラに〈くら寿司〉ごっこを始める。（12月）

　このエピソードから，共通の生活経験に基づくごっこ遊びであっても，それぞれが抱くイメージを相互に共有して遊ぶことは，この頃になってもなかなか難しい様子がうかがえる。

（2）子どもたちをつなぐ

　年少の頃は仲間への興味や関心はもちながらも，一人一人の〈わたし〉が中心であり，共同で遊ぶことはなかなか難しい。だからこそ保育者は，一人一人の子どもの心理的な拠り所となるのに加えて，それら子どもたちの関心や興味をつなぎ，その遊びや活動をつないでいく中継者として大切な役割を担うことになるのである。たとえば，「～ちゃんが，こんな（面白い）ことしているよ」や「～ちゃんも一緒に遊びたいって」と関心や興味の共有を促し，遊びをつないでいくような働きかけも大切になるのである。

　　◆動物のぬいぐるみを抱いて，女児の1人が「もう時間がなくてもいいの…」と唱えながら部屋のなかを回っている。同じように，数人の女児がそのあとについてぐるぐる回る。何かのごっこ遊びなのであろうか。それを

みた保育者は，部屋をぐるぐる走り回り危ないこともあって，「どこまで行くのかな？」と声をかけ，近くの椅子を6つほど並べそこに子どもたちを座らせ，「先生も乗せて」と自分も一番後ろの椅子に座り，乗り物に乗ってお出かけというごっこ遊びの設定に誘い込む。保育者「どこまで行くの？」，ある子ども「アメリカ」，保育者「アメリカ，遠くまで行くのね」といったやりとりが始まる。すると，ちょうど横のテーブルで木のカップで遊んでいた1人がカップをもってきて保育者に差し出す。「あら，スチュアーデスさん，ジュースありがとう」と，保育者は飲むふりをして，「〜くんもお願いしますって」と，椅子に座っている子どもの名前を言う。そのやりとりをみて，同じようにテーブルで遊んでいた他の子どもたちもつぎつぎにカップをもってくる。椅子に座っている子どもたちの方からも，「コーヒーください」「〜ください」「〜もお願いします」と，お互いをまねるようにつぎつぎと声が上がる。　　　　　　　　　（もうすぐ6月）

このエピソードでは，たんにまねて回っているだけの子どもの遊びから，乗り物にのってどこかへ出かけるというごっこ遊びへと誘い，さらにたまたま隣のテーブルからカップをもってきた子どもをスチュアーデスに見立て，飛行機に乗っているといったごっこの下に子どもたちの行動を意味づけ，遊びとしてつないでいくといった保育がみられる。

ここで少し長いが，もう1つ3歳児の実践のエピソードをながめてみよう。

◆それまでに「おおかみと七匹の小やぎ」「三匹の子ぶた」の絵本は読み聞かせられていた。園庭では，おおかみの耳をつけた子どもたちが，思い思いに砂場で遊んでいる。それぞれが砂を丸めたり，型に入れたりして何か作っている。園庭の一角には2階建ての高床式の小屋があり，その上にやぎの耳をつけた4〜5人が一緒に群れている。保育者は砂場の子どもたちに，「あそこにいる子やぎさんを食べに行こう」と声をかけ，砂場のおおかみを引き連れて小屋にいく。保育者の「入れてください」に，おおかみの保育者や仲間をみて「入ったらダメ」と声があがり，「ダメ，ダメ，

ガチャ」と戸の鍵をかけるふりをして入れない。そこで保育者はまた砂場に戻って「おみやげ持っていったらどうかな？」と子どもたちに提案する。子どもたちはソフトクリーム（コーン型の容器に砂を詰めたもの）を作ってふたたび保育者と出かける。保育者は「ピンポン」と，入り口でチャイムを押すふりをする。保育者が「おいしいアイスクリーム持ってきましたよ，開けてくださいな」「仲良くしてくれる？　おおかみさんと」と，猫なで声を出して頼む。最初は「ダメ」と鍵を閉められるが，保育者の優しい「入れて」の声に子どもの1人が恐る恐る手を伸ばし，ついに「はいどうぞ」と入れてしまう。家に入った保育者は「入ったぞ」「にげろ」と声をかけ，「キャー」と逃げるやぎさんたちを食べようとおおかみと保育者は追いかける。…（略）　　　　　　　　　　　　　　　　　（10月）

このエピソードでも，保育者が主導的にごっこのストーリーイメージを設定・展開しており，そのなかに子どもたちの行動が組み込まれ意味づけられていくといった形態である。放っておけば，それぞれがばらばらな子どもの遊びを，おおかみが子やぎを食べにいくといったストーリーイメージのなかに組み込み，一緒のごっこ遊びとしてつないでいく様子がうかがえる。

年少児では，まだまだ〈わたし〉の思いやイメージだけが前面に出てしまい，仲間との遊びや生活において自分たちで関係を作っていくことは難しい。したがって保育者には，子ども同士をつなげていくような中継者としての働きかけが大切になってくるのである。さらに，仲間との共同の生活を意識づけるような働きかけ，たとえば保育者は「～ちゃんと～ちゃんはお熱がでて今日はお休みです」とみんなに語る，お帰りの時間にみんなに絵本を読み聞かせる，みんなで歌や指遊びをして待つ，みんなでリズムに合わせて一緒に踊る，手をつないで輪になって踊る，「～組さん」と声をかける，といった日々の保育も大切になってくるのである。

年中児になって

　3歳児も4歳を迎える頃には，自分の思いを一方的に主張して行動するだけではなくなる。保育者が自分に何を期待し，望んでいるかを汲み取り，それらを指針としながら行動するといったこともみられる。ある保育所での体験である。子どもが便所の入口のスリッパを並べている（いつもの保育者の行動をまねたのであろう）。それをみて保育者がほめると，そのあとも便所のスリッパを並べ，保育者にほめてもらおうとするのである。しかしながら，仲間同士の遊びのなかでは相手の気持ちを顧慮しながら遊ぶことはまだまだ難しいようである。したがって，年少児も終わり頃にはさまざまなごっこ遊びがみられるようになるとしても，それぞれのイメージを共有し合って遊ぶことはまだ難しいのである。

（1）他者の心の理解

　しかしながら年中児になる頃には，遊びのなかで自分の思いや要求を通そうとするだけではなかなか一緒には遊べないことに気づいてくる。そのなかで，しだいに相手の思いや要求を考えながら振舞えるようになってくる。そのような他者の心の理解の育ちは，「心の理論」に関する発達研究からもうかがえる。その研究のなかに〈サリーとアンの実験〉という誤信念課題がある。

　子どもには，図1-2のような5コマがストーリーとして順次みせられる。まずアンとサリーという2人の女児が登場する。サリーはカゴをもって，アンは箱を持ってやってくる。つぎの場面では，サリーはカゴのなかに自分のビー玉を入れる。3コマ目では，サリーは散歩にでかける。その間に，アンはカゴのなかのビー玉を取り出して自分の箱のなかにしまってどこかへ行く（4コマ目）。サリーが帰ってきて，さっきのビー玉で遊ぼうと思うのが5コマ目である。そこで，「さて，サリーはビー玉をどこに探すでしょうか？」といった質問がなされる。被験児の子どもはストーリーの一部始終をみているが，登場人物のサリーはアンがビー玉を箱に移したことをみてはいない。したがって，サリーはまだカゴのなかに入っているという誤った信念をもっており，サリーはカゴの中を探そうとするはずである。しかし3歳児にはこの理解が難しく，多

I部　子どもの理解と保育

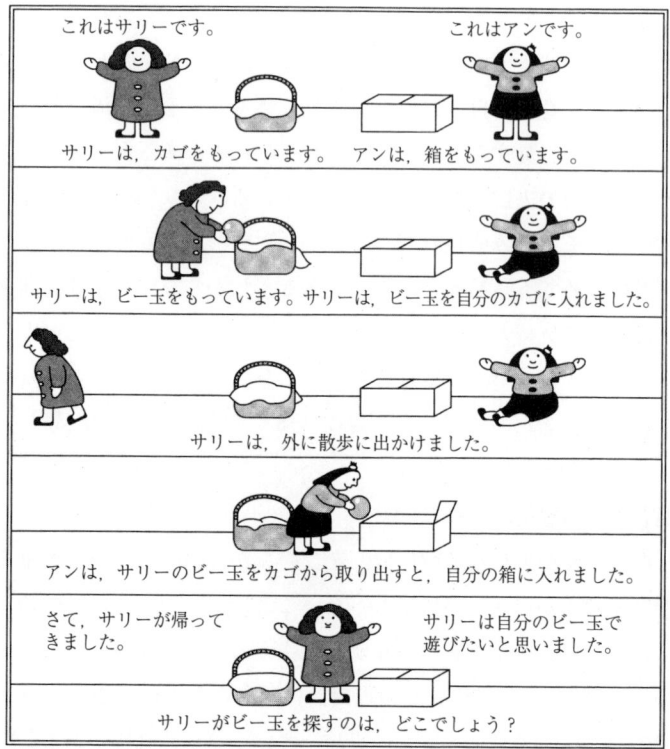

図1-2　サリーとアンの実験（Frith, 1989：冨田・清水（訳），1991）

くの子どもはサリーが（現に入っている）箱を探すだろうと答えてしまうのである。この課題に通過できるようになってくるのは，年中に入った4～5歳児にかけての頃である。同じ状況にいても〈わたし〉と〈あなた〉の信念は必ずしも同じではなく，〈あなた〉はその信念に基づいて行動するはずであるといった理解である。それは，自分とは違う〈あなた〉の思いや考えを顧慮して，相手の出方を予測しながら対処するといった行動への途が拓けてくることを意味する。

　　◆園庭で自由遊びをしているが，ある5～6名の年中児グループは庭にあ

る木小屋でお家ごっこをしている。「ぼく…する」「そしたらぼく…するな」「ぼくも…したい」と、役割を宣言しながら分担している。筆者はその様子を長い間じっと立ったまま観察している。その木小屋の横に小さな椅子があり、筆者がちらっとその椅子に目をやると、それに気づいた1人の幼児が「座っていいよ」と声をかけてくれる。　　　　　（6月近く）

　このエピソードから、疲れたようにみえる相手のちょっとした表情やしぐさを捉えて、相手の気持ちを察するといった能力の育ちがうかがえる。また、子どものごっこ遊びをじっと観察していると、それを察するかのように「～ごっこしてる」とわざわざ筆者にコメントしてくれる子どもの姿もそうである。
　このような他者の心の理解こそ、遊びにおいて自分のイメージを押し通そうとするだけでなく、相手はどんなイメージをもっているかを顧慮しながら、遊びのイメージを仲間と調整・共有し合うことを可能にしていくのである。だからこそ、「わたしお母さん役やりたい」「わたしもやりたい」「だったらお父さん役やるから、つぎはお母さん役やらせてね、交替でやろうね」「じゃあ、ぼく犬する」といった形で役割を分担しながら、お家ごっこを遊べるようにもなってくるのである。
　以下のエピソードは仮面ライダーごっこであるが、先にあげた年少児のものと比較してみよう。

　◆3人の年中男児が、木の棒で剣を作って正義の味方仮面ライダーが怪獣をやっつけるという遊びをしている。K男「怪獣きた、やっつけろ」、Y男「こっちは3匹」、K男「こっちは20匹」、R男「こっちも20匹」と、それぞれが剣をふるいながらやっつけた数を競っている。そこにR男が「ぼく～（声が不明）倒したで」と自慢する。K男はそれを聞いて「なんで倒したりするん、なんでぼくも倒さしてくれへんの」と怒り出す。R男はK男の怒りぶりに困って「それ嘘やったんや」という。それを聞いてK男は「嘘ついたら警察につかまるねんで」、Y男も「えんまさんがみてるねんで」という。K男「えんまさんにつれていかれるんや」、Y男「ちがうで、

ペンチで舌を抜くんや」．それを聞いたK男は「そうなん！」とびっくりしたように言う。Y男は「そうやで，えんまさんは鬼の大将や」と説明する。
(6月の末)

　このエピソードでは，自分は仮面ライダーで勝手に他を悪者とみなしているのではない。ここでは目にはみえない想像上の怪獣をメンバーが共有しながら，やっつけた怪獣の数を競い争っている。想像上の怪獣をやっつけるという共有イメージの下に遊びがなされているのである。このように年中児になると，イメージを共有した仲間との遊びが活発になってくる。

（2）友だちとの関係を作る

　そのような共同の遊びが可能になってくると，それまではあまりみられなかった遊びのイメージをめぐる衝突や，遊びにおける友だちの取り合い，自分たちの遊びに入れる・入れないをめぐるいざこざなども多くなってくる。そして，子どもにとっては遊びの仲間に入れるかどうか，友だちとして認められるかどうかが重大な関心事になってくる。つぎのエピソードはそのことをよく物語っている。

　◆年中の男児が3人並んで一緒に裏庭の草むらでダンゴ虫を探している。そこに別の男児が「よせて」とくるが，なかの1人が「ここは3人しか入れへん」と拒否される。すると，その子は「意地悪したらあかん」と抗議するように言う。
(5月半ば)

　他児と同じように虫探しがしたいだけなら，スペースがある横で同じようにダンゴ虫を勝手にとればよい。しかし，このエピソードでは，この子にとって問題なのは虫取り遊びの仲間に加えてもらえるかどうかなのである。虫取りの仲間として入れてもらえるかどうかが大事なのである。

　◆年中児のM子とT子が部屋のコーナーでお家ごっこをしているようである。Y子は遊びに入りたそうに，ついたてからのぞくようになかの様子をうかがっている。そのうちY子は勝手に黙ってなかに入り，そこにある赤

ちゃん人形をもって出ていこうとするが見つかり，追い払われてしまう。Y子が沈んだ様子で顔をうつぶせている。そこへK子がきて「どうしたん？」と話しかけると，Y子は「ゆるしてくれへんねん」と答える。K子はY子と一緒に絵本を読もうと誘うが，やはり先ほどのことが気にかかる様子である。

(中略)

ふたたびY子はお家ごっこの傍に近づき，その周りにあるダンボールを所在なげに触ろうとしていると，家のなかからM子に「やめて」と言われる。そこからY子のことをめぐってT子とM子のやりとりが始まる。…T子がM子に「(Y を) ゆるしてくれたらなあ…」と小さな声でつぶやくと，M子は「じゃあ，ごめんなさい言ったら…」とY子に謝ることを求める。そこでY子が神妙な顔で「ごめんなさい，ごめんなさい」と 2 人に謝ると，M子とT子は「Yちゃん迷子やねんて」と，ごっこの役割をふってY子を遊びの仲間に入れる。　　　　　　　　　　　　　　　　　(1月)

このようなエピソードにも，(卑屈と思えるまでに)謝ってでも仲間との遊びの関係づくりに腐心する年中児の姿を垣間見ることができる。この頃，「～くんはおれの仲間や」「ぼくら仲間やろ」「～は友だちやから」といった表現が，子どもには大切なキーワードになってくる。年中児も後半には，「お友だちなのに」「お友だちになれへん」「お友だちになってあげない」と，ときに脅し文句として，また相手を責めるために使うといった姿も以下のようなエピソードのなかにみられる。

◆年中の女児が遊動円木に乗って遊んでいる。何か遊びでのいざこざがあったのか，遊動円木をこいでいる女児が，遊動円木に乗らずそばに立っている女児に向かって「そんなん(そんなこと)言うた人，お友だちできひんしな」と，嫌味たっぷりに言う。　　　　　　　　　　　　　(11月)

◆年中の女児たちが部屋のコーナーでお家ごっこをしている。M子，T子，

Y子の3人はそれぞれがベビーカーに赤ちゃん人形をのせ、お弁当をつめて仲良くピクニックに出かける。やりとりをみていると、3人のなかでY子はM子とT子につき従っているといった関係である。ピクニックへお出かけして部屋の裏庭の長椅子の前にベビーカーをならべている。M子は自分のバスケットにメロンを入れ忘れてきたことに気づき、「Yちゃん、赤ちゃん守っといてあげるから、メロンとってきて」とY子に取りに行かせようとする。T子も同じように取ってくるように迫るが、Y子は「いやや」と首を振って取りに行くことを拒否する。M子とT子は、そんなY子の頬っぺたを両側から挟むようにして迫る。必要だったら自分がとりに行けばよいのだが、明らかにT子とM子はY子に取りに行かせること自体が目的のようにみえる。そこへ別のN子がやってくる。M子が「Nちゃん、とってきてメロン」と頼むと、事情を知らないN子は、「分かった」とメロンをとってきて渡す。メロンを手にしたM子とT子は「Yちゃんもとらなあかんで、そんなん言うたらお友だちが悲しくなるで、なんでYちゃんもってきてくれへんの、言うて（言って）みて」とY子を責めるように言う。 (12月)

◆年中のH子とK子が洗面器やボウルに水と紫の花や葉っぱを入れ、それを泡だて器でかき混ぜて色水を作っている。そこへ、他の女児たちがやってきて「貸して」と言う。H子は貸そうとするがK子は嫌そうにするので、H子もK子に合わせて貸さない素振りをするが、他の女児から「何で貸してくれへんの？」と抗議するように言われ、他方のH子は「そうや！　お友だちが"貸して"って言ってるのに、何で貸してくれないの（貸してあげないの）！」「Kちゃん、あかんねんで」と言い、そこにいた他の3人も同じようにK子を責め始める。 (11月)

◆年中の男児が集まり、机の周りを囲むように中型積木を並べ基地をつくっている。T男は積木容器から積木を取り出して、リーダー的に、並べるのを指示しながら仕切っている。T男はY男をどことなく除け者扱いにす

る。Y男が「これ使っていい？」とT男に聞くと，T男「ダメ，ぜんぶおれのや」と積木を並べるのを拒否する。そこでY男が「Kくんは使っているよ」と抗議すると，T男は「Kくんは，おれの仲間や」と言う。その後も，遊びのなかで何かに付けてY男は除け者的に扱われる。もう1人のR男がやってきて，新たにドラえもんごっこが提案され役割を決めているが，Y男だけは話し合いから外されるように基地の隅っこに座っている。Y男「ぼくは，ぼくは？」と声をかけるが，無視するかのようにT男は取り合わない。K男が「Yくんは？」と言ったので，やっとT男は「ジャイアン，ドラミとか残っている」と答える。Y男が「イヤ」と言うと，T男は「じゃ，おまえだけ出て！（遊びから出て行け）」といった調子である。最後は3人（T，K，R）が基地を出て行き，Y男はそこに1人残される。

(1月)

（3）いざこざへの介入

　このように仲間との遊びが活発になってくると，遊びをめぐるいざこざも増えてくる。しかし，まだ当事者だけで話し合って解決するとか，こじれた自分たちの関係をうまく調整していくことが難しいようである。だからこそ，この頃は「先生に言ってやる」と保育者の仲介を頼ることが一般的にみられるのである。また「先生が"～をしたらいけない"って言ってたでしょ」と，保育者のことばを引き合いに出すといった行動も特徴的なのである。

　年中児では，保育者が子ども同士のいざこざに介入する必要が多くなってくる。そこで保育者は，間に立って双方の言い分を聞き出し，それを双方に伝えながら仲裁に入る。その際，どちらにどのような非があるかを考えさせ，ときにいざこざの裁定者となる。そのような保育者の適切な介入は，お互いに相手の言い分や気持ちの違いを知り，何が悪くなぜいけなかったのかを理解し，規範的な意識を育んでいく格好の機会ともなる。また，仲間と一緒に遊ぶには，自分の言い分を言うだけでなく，相手の言い分にも耳を傾けながら，お互いが納得できるように折り合っていく必要があることに気づき，その仕方を身につ

ける絶好の機会にもなる。その意味で，年中児にとって保育者は子どもたちの関係作りを調整していく交通整理者としての大切な役割を担っているのである。

　そのように友だちとの遊びの関係を作っていくなかで，〈いつも泣く，やさしい，乱暴〉といった仲間の行動や人格的な特性を理解し，「もう，なんでこうケンカになってしまうのかなTちゃんとMちゃんは」と，仲間同士の関係性にも言及するようになってくる。

　以上のように年中児には，〈わたし〉の行動を〈あなた〉との関係のなかに位置づけながら調整していこうとする共同性が育ってくるのである。そのことは逆に，〈あなた〉との関係のなかで〈わたし〉の生活を作っていこうとする個の育ちをもたらしていくことになる。

そして年長児へ

　共同の生活を積み重ねるなかで，年中も終わりになる頃には，仲のよい仲間同士の遊びに〈われわれ〉の遊びといった意識を伴うようになる。

　　◆年中児が廊下の通路スペースに高いビルのような積み木を組み立てている。その下には，平らな長方形の板状積み木が道路のように敷き詰められている。しかし，お帰りの時間がきて，次の日の休みを挟んだあとその続きをしたいので，そのままに残そうということになった。そこで休みの間に雨が降ったときのことを考えて，大きなビニールテープで建物を覆うことになり，みんなで試みるがビニールをかけるとバランスを崩して建物が壊れそうになる。それをみて誰かが，「あと作れるやん（道路に建物分のスペースがあき，その場所に再現すればいいという意味），5階建てって」「作れるから壊していい？」と，ほかのメンバーの了解をえてから，下の道路はそのままにして建物だけをみんなで解体することになった。（2月）

　このエピソードには，〈われわれ〉の遊びといった意識の芽生えをみることができる。みんなの遊びという意識があるからこそ，建物を壊すのもみんなの合意や了解をとってなされる。遊びによっては，〈われわれ〉の遊びゆえに，

その遊びから抜けるとき「ぼくやめる」「ぼく抜けていい？」とほかのメンバーに断りを入れるという行動もみられるようになる。

(1) 〈われわれ〉という共同性の意識

年長児にもなると，いつもの仲のよい仲間だけでなく，子どもは多様・多層なグループのなかでその仲間との共同の生活を体験することが多くなる。当番などの生活グループ，運動会でのグループ，自分のクラス，さらに年長児グループといったさまざまな単位の共同体のなかで，そのメンバーと一緒に遊んだり活動したりする。そのような体験のなかで，たんなる好きや嫌いの関係を超えて〈われわれ〉といった共同性の意識が醸成されてくるようになる。仲のよい遊び友だちとだけでなく，多種多様な共同体においても〈われわれ〉グループという共同性意識が醸成されてくるのである。この共同性の意識は，拡大した自己意識（extended self）とも類似したものである。[1]

このような共同性の意識は，年中児にもその芽生えをみることができる。しかし，さまざまな共同の生活体験を積み重ねるなかで，年長児になってしだいに結晶化してくるのである。年長児になると，そのような〈われわれ〉という共同性意識に基づいて行動できるようになってくる。運動会などでも，〈われわれ〉グループのため〈われわれ〉クラスのために頑張る，〈われわれ〉の仲間に声援を送る，〈われわれ〉のグループが勝つとみんなで一緒になって喜ぶ，ときに〈われわれ〉のために自分を抑えて，みんなと協力し合うといった行動になってみられるのである。まさにone for all, all for one（みんなのために1人があり，1人のためにみんながある）といった個と共同の関係性の原型がそこに成立してくるのである。

つぎのようなエピソードにも，共同性の意識の現れをみることができる。

◆ある幼稚園では，毎月，縦割りのお誕生会を遊戯室で行っている。先生

---

[1] ここでの共同性の意識とは，所属するグループへの帰属意識や，グループのメンバーへの責任感や，グループ内での自分の役割意識などをともなったものである。

に名前を呼ばれた誕生月の子どもたちが年少児から順番に登壇していく。そこで、いつも興味深いことに気づく。年少児や年中児ではみられないが、年長児は仲間が呼ばれて壇上に行く途中「〜ちゃん」とか「けんた、けんた」といった掛け声の連呼が拍手と一緒にクラスの全員から自発的にあがる。それは、自分のクラスだけでなく、隣の組の年長クラスの子どもたちからもあがる。　　　　　　　　　　　　　　　　　　　（5月）

（2）規範意識の芽生え

　年長児には仲間やグループ間で競い合うといった遊びが多くなる。ゲームのような競い合いの遊びもたいへん好きである。クラスやグループ間で競い合う運動会でのリレーや綱引きなどもそうである。そのような競い合う遊びでは公平さが問題となり、そこで、きまりや約束事をめぐるいさかいも生じてくる。しかし、自分たちで遊びを面白くするためのルールを工夫したり、そのルールを守って遊ぶことができるようにもなってくるのである。

　　◆年長児が園庭で紙飛行機の飛ばし合いをしている。最初は皆が好き勝手に飛ばしていたが、どこまで飛ぶかの競争が始まった。何度か飛ばすが、皆飛ばすスタート位置がバラバラで「前に行き過ぎ」などと口喧嘩になる。いつもは目立たない子が、サッカーのために引いてあった白線を利用して一列に並べば皆が同じスタート位置になると提案する。それが受け入れられ、みんなが同じ列から飛ばすようにはなったが、飛ばしたものをすぐに取りに行くため、誰が一番遠くに飛んだかが分からなくなりまたまた口論になる。すると、別の男児が園庭に落ちている小枝をもってきて、「飛行機が落ちていたところに枝を置いたら」と提案する。「本当や！　そうしよう」と他の子どもたちも賛同し、そのあと子どもたちは飛ばし合いを楽しむ。　　　　　　　　　　　　　　　　　　　　　　　（10月）

　共同の生活のなかでも然りである。ある園で牛乳を飲む時間になって、同じグループのなかで誰が牛乳パックをあけるか、どんな順番で入れていくかなど

1章　幼児の保育がめざすもの

をじゃんけんで決めた。そのときみられたエピソードである。

◆Ｓ男が開けることになったが、Ｔ男が牛乳パックを持って開けた。それに対してＳ男やＫ男は、じゃんけんで決めたことは守れと非難の声をまくしたて抗議する。…今度は牛乳を入れる段になって、Ｋ男がＥ子につぐはずのところをＳ男が牛乳パックを持って入れようとする。Ｅ子は「Ｓくんに入れてほしいんじゃない」と、決めた順番を守らないＳ男にきつく言う。そう言われて面白くなさそうな表情のＳ男を察して、Ｅ子は「Ｓくんに入れてもらっても同じだからいいけど」と、気を取りなすように言い直す。しかし、Ｅ子にきつく言われたＳ男は泣き出してしまい、Ｅ子は「ごめんね」と言うが、周りのメンバーからは「お前はいっつも（いつも）話を聞かない、だから嫌われるんや」と声があがる。　　　（6月の終わり）

せっかくみんなで決めた順番を守らないと、その子どもは〈われわれ〉共同の生活を乱す者として仲間から厳しく批判されるのである。ある園では年長児が11月下旬の作品展に向けて、自分たちのグループごとに話し合って作品制作をしている。つぎのエピソードは5～6人の子どもたちのグループがライオンを作っているときのものである。

◆Ｙ男は自分の気持ちを押し通そうとするタイプで、今までは自分の思いが通ってきた。今日も、そのＹ男が「おれがライオンの体作る、お前らは足な」と、一方的に自分の意見を通そうとする。しかし、ほかのメンバーから「何でお前が決めるねん、勝手に決めんなよ」と声が上がる。Ｙ男は「うるさいな！」「そんなんやったらやらんでいいよ」と開き直って言う。みんなが自分の思い通りになると高をくくっている。しかし、みんなは「ほんなら1人でしろ」とその場から立ち去ろうとする。Ｙ男は「みんなで作らなあかんやろ、ライオングループやのに」と言う。みんなは、「せんでいいって言ったやろ、みんなの作品やから…みんなで決めるんやったらやる」と答える。Ｙ男は「分かった…やる」と、少し沈黙があった後で

言う。「みんなでやろう！　強く言ってごめん」というみんなからの声に，Y男も「おれもごめん。1人で決めて。でもどうしても体が作りたかってん」と，自分の本音を言う。みんなが「そうか。じゃ，誰が何を作るか話し合って決めよう！」という提案に，Y男は「分かった，話す」と晴れ晴れとした表情でこたえる。　　　　　　　　　　　　　　　　　（10月）

　　　　　　　　（第17次プロジェクトチーム岩田班・研究紀要，2009から）

　年長児にもY男のように，まだ自分の思いだけを押し通そうとする子どももみられる。しかし，グループで協働して作るにはみんなで話し合って決めるというルールがあり，それを無視しての勝手は仲間から認められないことを実感させられるのである。Y男のような子どもも，このような体験を重ねるなかで，みんなとのきまりやルールを守る必要性に気づき，そこで規範的な意識が培われていくようになるのである。

　このような遊びや生活での体験を通して，さらに〈われわれ〉といった共同性の意識も培われてくる。そして，その〈われわれ〉相互の信頼性や互恵的な関係を維持するために，他者への配慮や他者を大切に思いやる気持ちも涵養されていくのであろう。そのことが，他者を配慮し，思いやるための規範への意識をも育んでいくように思われる（門脇，2010）。

（3）心の理解が深まる

　年長児になると他者の心を理解する能力はさらに巧みになり，微妙なしぐさや表情，表現のニュアンスから相手が何を考え，どんな心情であるか察するようになる。それだけではない。いま自分が考えていることを相手はどのように考えているかを考えられるようにもなってくる。

　◆4〜5人の年長児が大型ブロックで家のような構成物を作っている。なかの1人の女児が「こっち積んで」「あっち！」と指示している。なかの1人の男児が長い板を持ってきて渡そうとすると，「そんなん，いらんわ」とすげなく返事され，少しがっかりした表情をみせる。その様子をみて，その女児は「こっちきて，こっちきて，こうやると橋ができるわ」と，

提案するように言い直す。　　　　　　　　　　　　　　（10月）

　このエピソードでは、男児が長い板をもってきたのは、その状況からして「女児は長い板が必要だと思っている」と、その気持ちを察しての男児なりの行動である。しかし予期に反して「いらない」と言われ、男児はがっかりしたしぐさをみせる。その様子をみた女児は、「その男児は『〈わたし〉が長い板を必要と考えている』と考えて持ってきてくれた」と察したのではなかろうか。そう察したからこそ、「いらない」とすげない返事をしたあと、板を橋として使おうと言い直したのではなかろうか。

　◆5人のグループごとに年長児は冬野菜の種をまく準備をしている。F男は土の入っている袋の口を開けようとするが、結び口がほどけないでいる。それをみたT子が気を利かして、はりきって部屋にハサミをとりにいく。C男は「ハサミ、Tちゃんがもってきたで」とF男に知らせるが、すでに自力で紐をほどいたF男は「ハサミいらんで！」と言う。それを聞いてT子は、ガクッと肩を落としがっかりした様子でハサミをもって保育室に戻ろうとする。その様子をみて、そこにいたグループのM子は「ちょっと待って！　いるときあるかもしれんから」と引き止める。　　　（10月）

　このエピソードにおけるM子の「いるときあるかもしれんから」も同じである。もっとも、ここではM子が第三者的に「T子は『F男がハサミを必要と考えている』と考えてハサミをもってきた」と気付いて、F男に代わってM子がガクッとしたT子を気遣うことばをかけるといった複雑な察し合いがみられる。
　また、このような心の理解が可能になってくるからこそ、その裏をかくようなやりとり遊びもみられるようにもなってくる。

　◆もう6歳になった男児が「じゃんけんしようか」とやってきて、「先生、パー出して」と頼む。わたしは裏をかいてグーを出すと、その子はパーを出した。なぜパーを出したかを訊ねると、「相手が（言った通りに）パーを出しても、パーを出せば引き分けや。ぼくが負けたくないからチョキを出

すと（相手は）思うやろ。それでじぶんはパーを出すの」と，そのプロセスを説明してくれる。　　　　　　　　　　　　　　　　　　（10月）

〈ぼく〉は，「先生は『〈ぼく〉が負けたくないためにチョキを出そうと考えている』と考えてグーを出すに違いない」と考えて，その裏をかいてパーを出すといった行動の構造がここではみられる。同じような遊びは，年長児になるとしばしばみられるようになる。

　◆収穫したドングリがかごにいっぱいある。そのドングリであてっこゲームをしようと年長児がくる。うしろに回したどっちかの手のなかにドングリを隠し，「どっちに入っているでしょう？」と，握った両手を前に差し出す。その都度，「こっち」と選択するが，はずれたりあたったりを何回か繰り返す。そのあとふたたび，うしろに手を回したときドングリをこっそり落として，「今度はどっちでしょう？」と聞いてくる。それを知らないから「こっち」と一方の手を指すと，その手にはないことをみせる。今まで通りに「じゃ，こっち」というと，他方の手にもないことをみせ，「はずれ，あはは」といたずらっぽく笑う。　　　　　　　　　　（11月）

あてっこの遊びだけなら，もちろん年中児にもみられる。しかし年長児では，「相手は『〈わたし〉がどちらかの手に隠したドングリを当てさせようと考えている』と考えてあてようとする」と考え，その裏をかいてどちらにもないことをみせて喜ぶのである。

　◆保育室で教師と子どもたちが，いろいろな物の数え方（いわゆる助数詞）についてのやりとりをしていた。教師が，いろいろな身の回りの対象をあげて「絵本はどんなふうに数える？」「人はどんなふうに数える？」…と保育者の質問に子どもが答えていくといったやりとりがなされていた。保育者は，「じゃ，鹿はどのように数えて言うの？」と問いかけると，1人の男児が手をあげて，「鹿は奈良や！」と笑いながら答える。
　　　　　　　　　　　　　　　　　　　　　　　　　　　　　（2月）

これも先のあてっこゲームと同じである。〈わたし〉は「先生は『〈わたし〉が助数詞を答えようと考えている』と考えて答えを待っている」と考えて，その期待を外したような返答をして笑わせるといったエピソードである。

この頃には，自分が描いたり作ったりしているものが，自分の思い（イメージ）通りに他者にもみえているかどうかを，「これ～みたいにみえる？」と確かめる行動がみられる。これも，自分が思い考えていることを相手はどのように思い考えているのかを確かめようとする同型の行動であろう。

（4）自立的な共同性へ

このように相手の考えや思いを察するだけではなく，自分が考えていることを相手はどのように考えているかを察する力の育ちが，自立的な仲間との共同の生活を可能にする基盤となっていくように思われる。

この頃には，いざこざが生じても，その多くは当事者同士が話し合って解決するとか，仲間が仲裁に入って仲直りさせるようになってくる。年中児のように保育者の介入を仰ぐことなしに，自分たちで自立的にいざこざを解決していくことができるようになる。ときに保育者が介入せざるをえないときでも，それは当事者同士の仲裁に留まらず，その経緯をとりあげてクラスのみんなの意見や考えを聞いて，クラスみんなの問題としてもとりあげていこうとする。そこには，〈われわれ〉という共同体意識に根ざして，仲間のいざこざをみんなの問題としても考えさせていこうとする年長児ならではの保育実践をみることができる。

遊びにおいても，保育者の介入はあまり必要とされなくなる。子どもたちは自分たちでアイデアや意見を出し合いながら工夫して遊びを作っていけるようになる。また園生活のなかでも，保育者にいちいち指示されなくても（指示を仰がなくても），自分たちで考えながら，見通しをもって動けるようにもなってくる。子どもから自立的な共同性が育ってくるのである。

したがってこの時期，いざこざや遊びへの保育者の介入の仕過ぎは，逆に子どもたちからの自立的な育ちの機会を削いでしまうことにもなる。むしろ保育者には，子どもたちの自立的な行動を促す，励ます，見守っていくといったか

かかわり方が必要になってくる。その意味で、子どもたちの自立的な行動を方向づけ、それを引き出していく司会者としての保育者の役割が重要になってくる。つぎのような話を耳にしたことがある。運動会を控えて年長児が自発的に綱引きの練習をしていた。そこで、いつも負けてばかりいるグループの子どもたちに「なんでいつも負けるのかな？」と、問いを投げかけた。別の保育では、やはり負けてばかりのグループに、保育者が「…こうこうしたら勝てるよ」と具体的な方策を教えたという。すると前者では、どうして負けるのかを子どもたちでアレやコレやと話し合いながら、いろいろな工夫や作戦が活発に出されたり、綱引きの人数を揃えるといった公平なルールの大切さへの気づきがみられたという。しかし後者では、そのようなことはみられなかったのである。ここにも子どもから自立的な活動を育んでいく年長児の保育のヒントがありそうである。

　このような共同性の育ちこそ、〈われわれ〉という共同性の意識を支え、仲間との協力や協働を可能にしていくのである。〈わたし〉を〈われわれ〉の一員として位置づけ、〈われわれ〉のために〈わたし〉の行動を考えていけるようになるのである。〈わたし〉を〈われわれ〉のなかに位置づけて行動するだけでなく、他方では、そのなかで〈わたし〉の唯一性、独自性が意識されるようにもなってくる。

　◆年長の女児2人が並んで運動会のプログラムの表紙に絵を描いている。一方のT子は女の子を描いている。顔から直接に足が出るといった形態であり、とても足が長い。足に黄色のマジックをぬる。筆者が「ながい靴下やね」というと、T子「ブーツ持ってる」、それを聞いた他方のA子「子どもがブーツはいたらおかしいやん」、その傍にいた男児が「お姉ちゃんブーツ持ってる、大きいから」と話に加わってくる。A子がT子の絵をみながら同じような女の子と足や靴下を描こうとし始める。それをみてT子はA子に、「まねせんといて、まねしたらあかんで」と文句を言う。

（10月）

「まねせんといて」は年長児によく耳にする表現である。そのような表現に，子どもは他児との共同性を希求するのみならず，そのなかで個としての独自性，唯一性への希求も強くなってくる様子をみることができる。そこに，〈われわれ〉のなかで〈わたし〉らしさを意識し，それを仲間との共同のなかで主張・発揮していけるような，個としての生活の充実を希求する年長児の育ちがうかがえる。同じ頃，仲間との違いを指摘されて「人は人，自分は自分」といった独自性を主張する表現なども同じようにみられる（岩田，2001a）。

年長児になると，自分は所属するグループの一員であるという自覚をもち，そのなかで他者の立場に立って物事を考え，他者の意図や気持ちを理解し，他者を思いやりつつ，他方では自らの意志で，自分らしさを発揮しながら他者と協力して物事を行うことができるといった，まさに門脇（2010）の言う自己の社会力の基礎が育っていくことにもなるのである。

3　まとめに

幼児の教育や保育がめざすものは何であろうか。もちろん，それらは社会の変化や時代の要請によっても違ったものになってくるであろう。幼稚園教育要領や保育所保育指針の改訂もそのためになされてきたのである。しかしながら，いつの時代であっても変わらない，不易で普遍的にめざすものがあるように思われる。それは，幼児教育の基本といってもよいものである。その1つは，集団のなかで子どもが仲間と共同の生活をいかに作っていくかという課題である。子どもたちが仲間と折り合いをつけながら，自分たちで共同の生活を作っていく力の育ちである。そこで，好きな仲間とだけでなく嫌いでもつき合い，もめても話し合って解決する，なじみのない仲間ともうまくやっていけるような協働する力を培っていくことである。それが次章で述べる，仲間と協同する力，すなわち協同性の育ちへと結実していくのである。他方では，そのような共同生活のなかで，それぞれの子どもの個としての生活をいかに充実していくかが大切な保育の課題になってくる。それは，共同の生活のなかで，その子らしさ

が発揮でき，それぞれが自分の存在感を感じることができるような生活作りである。このような個と共同の生活作りこそ，保育のもつ不易な課題であるように思われる。しばしば，それは個と集団の問題として論じられ，「個」と「集団」作りはなかなか相容れないといった声も現場から耳にする。しかし，そうは思わない。保育においては，共同性（集団）の育ちが個の育ちへとつながり，個の育ちが共同性の育ちへとつながっていくような実践こそが求められるだろう。それこそが，不易で基本的な保育の課題としてめざすものであるように思われる。

2章　協同性の育ち

1　はじめに

　2008年の幼稚園教育要領改訂の1つに，協同して遊ぶ体験の重要性があげられている。それは領域「人間関係」の内容に「友達と楽しく活動する中で，共通の目的を見いだし，工夫したり，協力したりなどする」が，その取り扱いとしては「幼児が互いにかかわりを深め，協同して遊ぶようになるため，自ら行動する力を育てるようにするとともに，他の幼児と試行錯誤しながら活動を展開する楽しさや共通の目的が実現する喜びを味わうことができるようにすること」が，新たに書き加えられている。

　「協同して遊ぶようになる」ことは，たとえその萌芽が年中児にみられたとしても，「共通の目的を見いだし，工夫したり，協力したりなどする」「他の幼児と試行錯誤しながら活動を展開する楽しさや共通の目的が実現する喜びを味わう」といった協同して遊ぶ体験は，やはり年長児になって本格化してくるように思える。アイデアを出し合って遊ぶことは年中児にもみられる。しかし年長児では，好きや嫌いを越えてグループやクラスの仲間と協力し合いながら，共有する目的の実現に向かって協働して取り組んでいけるようになってくるのである。そのような仲間との協同は，やはり〈われわれ〉という共同性の意識が培われてくる年長児に入ってからではなかろうか。

　今回の改訂において，この協同する体験は幼小の連続性や接続への1つの基盤として位置づけられている。初期には，それが「協同的な学び」と称して論じられていた。協同的な遊びの活動を通して，子どもたちがさまざまなことを互恵的に学んでいくことになるからである。しかしながら「学び」という表現

は，小学校の教科学習のように，みんなを集めて一緒に何かをさせるといったニュアンスに受け取られかねないという危惧から，しだいに「協同して遊ぶ」とか「協同する体験」といった表現に落ち着いたのである。

「協同して遊ぶ，協同する体験」は，「協同性の育ち」という表現で論じられることも多いが，協同性という表記は辞書にはない。ところで，岩波国語辞典（第7版）の〈共同〉という語を引くと「2人以上で一緒に行うこと」「2人以上が同等の資格で結びつくこと」，そして「協同に同じ」として説明されている。もしそうなら，共同性という表現はよくなされるので，同様に協同性と表現をすることも可能ではなかろうか。

発達的な視点からみれば，共同のあり方（それを共同性と呼ぶ）には年齢的な変化がみられる。入園した子どもは否応なく集団の生活のなかに投げ込まれる。しかし最初から，集団のなかで〈2人以上が一緒に行ったり〉，〈2人以上が同等の資格で結びつく〉といったような共同性がみられるわけではない。ましてや仲間と目的を共有して，その実現に向かって協力・協働しながら結びつくといった共同性が可能になるには，やはり年長児になる頃を待たねばならない。したがって，協同性（協力，協働して遊ぶ仲間との関係性）とは共同性の育ちの一形態として達成されてくるのである。そのような協同の関係が可能になってくるとき，まさに本来的な辞書的意味で共同と協同が同一の意味を担ってくるのである。共同のあり方の発達的な変化を「共同性の育ち」として捉えるが，この共同性の育ちこそが仲間との協同する体験を可能にさせていくのである。それでは，そのような「協同性の育ち」をどのような視点から教育や保育のなかに位置づけたらよいのであろうか。

2 「協同性の育ち」への視点

教育や保育のなかに協同性の育ちを位置づけるための視点を以下でいくつか述べてみる。

共同性の意識から協同する活動へ

　協同する活動は,〈われわれ〉という共同性の意識を基盤にして可能になってくる。友だちと共通の目的を見いだし,その実現に向かってみんなで工夫する,協力するといった協同(協働)は,〈われわれ〉意識を伴う共同性の育ちのなかでこそ可能となるからである。そのような共同性の育ちが,協同する体験の基盤となるだけではなく,その体験がさらに共同性意識を高めていくことにもなるのである。したがって,年少児,年中児といったそれぞれの時期における共同での生活体験が積み重なり,その延長線上に協同性が育ってくるのである。その意味では,「協同性への育ち」はすでに入園したときから始まっているとも言える。すなわち協同性の育ちは,それまでの共同の生活体験の積み重ねという時間軸のなかでその形成を捉えていく必要があるように思われる。

個と共同と「協同」の関係

　〈われわれ〉が協力・協働して目的を実現していくといった協同性の育ちは,他方ではけっして個がコマとしてその共同性のなかに埋没していくことではない。協同する共同性とは,そのなかで一人一人の子どもが自分らしさや個性を発揮し,それぞれの自己(個)が育っていく場,互恵的に育ち合う場ともならねばならない。逆に,そのような個の育ちがあってこそ,さらに仲間と協同する体験は豊かなものになっていくのではなかろうか。そのような循環的な観点の下に,「協同性の育ち」を捉えていく必要があるように思われる。

　栗原(2003)は「親密な協同性」「自立性なき協同性」と,2つの協同性を区別している。前者は,他者への配慮を手放さないで,相互に自律的な存在として「相手に関心をもってほどよいほどの距離を保って立つことによって,相互にあるがままの存在を現し,肩を並べること」であり,後者は個が集団のなかに飲み込まれ埋没している伝統的な集団主義的な協同性である。もちろん,親密な協同性の育ちこそ,ここでいう保育のめざす目的なのである。

各領域を超えて

　「協同して遊ぶ」といった協同する経験の必要性は，領域「人間関係」のなかの改訂として新たに書き込まれている。しかし考えてみると，そのような協同性は，他のさまざまな育ちに支えられはじめて可能になるように思われる。協同して遊ぶためには，それこそ〈われわれ〉で決めた約束事やルールをみんなで守る必要があり，それは同じ領域「人間関係」における規範意識の芽生えともかかわってくる。さらに，そこには領域横断的な育ちも同様に必要となってくる。仲間と協力・協働していくには，仲間の考えやアイデアをしっかり聞き，それに自分の考えを重ね合わせていくとか，意見の違いに折り合いをつけていくといった，コミュニケーション能力の育ちが必要になる。また，共通の目的を見いだし，協同して環境に働きかけるには，身近な物に興味をもってかかわり，考えたり工夫したりしながら遊ぶ力の育ちがなければならない。さらに，他の友だちの考えなどに触れ，そこで新しい考えなどを生み出す喜びや楽しさを味わい，自ら考えようとする気持ちが育っていることも必要になる。

　協同する活動は，そのような「言葉」「環境」「表現」…といった領域横断的な育ちにも支えられて可能になるのである。逆に，協同する体験や活動がそれらの力を育んでいく機会や契機にもなってくるのである。このように領域横断的な広い視座から「協同的な育ち」を位置づける必要があるのではなかろうか。

3　協同する体験を支える環境

　年長児が協同して遊び，活動する体験を促すにはどのように保育者はかかわればよいのだろうか。そのような年長児の保育では，自発的に協同して遊ぶ子どもたちの活動を見守り励ます，ときに方向づけを与える，ときに「どうしたらいいかな？」「どうしてかなあ？」と，子どもたちと協同して考えるといったかかわりが大切になってくる。しかし他方で，子どもたちの協同する体験を促すような保育環境をいかに作っていくかも重要な保育課題になってくる。

目的や行動への意欲を共有できる環境作り

　まず「〜が（を）したい」と共通の目的をもち，子どもたちがその実現に意欲をもって取り組んでいくような環境作りが大切である。たとえば，ある園の年長クラスではおばけ屋敷を作って，年少や年中の子どもたちをお客さんとして招待しようということになった。さっそく，おばけ屋敷作りが始まった。どのように工夫して，お客さんを怖がらせるようなおばけを作るか，どのような順番でおばけのコースを作るか，入り口からどのようにお客さんを整理して入れるのか…つぎつぎと出てくる課題にクラスの仲間で話し合い，アイデアを出し合い，仕事の分担を決めながら協力して遊びを作っていく様子がみられた。また別の園の年長児では，園外保育でプラネタリウムを体験した子どもたちが，〈自分たちも，同じようにあんなのしてみたい〉とプラネタリウム作りを始める。だんじり祭りを体験して面白かった子どもたちは〈自分たちも，こんなのしてみたい〉と，だんじりの山車を工夫しながら作る。京都の祇園祭や，弘前のねぷた祭りに関しても，その地域にある幼稚園で同じような取り組みをみたことがある。少し長いが，そのような具体的なエピソードを紹介してみる。年長児ばら組のなかでは「おばけ屋敷がしたい」「巨大迷路が作りたい」と意見が分かれ，話し合って「おばけ迷路」を作ることに決まり，そこへお客さんとして年少組や年中組さんを招こうということになった。つぎのエピソードは，その取り組み (11月初旬から12月の始め) の過程でみられたやりとりの一部である。

　　◆おばけ迷路をつくろう
　　保育者「おばけ屋敷って行ったことある？」
　　Ko男「めっちゃこわーいねん」
　　S子「ミイラもいるねん」
　　保育者「ミイラって何？」
　　Me子「昔の箱に入っているおばけ」
　　To男「（時計の）長い針が3になったら箱が開いて出てくるねん」
　　Ko男「かちかちかちかち…（時計の音）」

Y男「かさこぞうもいる」
保育者「かさこぞうって何？」
To男「かさこぞうってな，目が1個しかないねん」
Yu男「足は1つしかないねん」
R子「ひとつめこぞうや」
保育者「え？　どんなの？」
R子「これぐらいの目が顔に1個あるねん」
O男「ゆうれいもいるで」
To男「おばけいるで」
保育者「ゆうれいとおばけちがうん？」
To男「ゆうれいはライトもってるねん。そんでな，足があるねん。おばけは足がない」
Ko男「手がふらふらしてるねんな」と，身振りでやってみる。
I男「足ないで。飛んでるんやから」と，Koに向かって言う。
Mo子「ろくろくびいるで」
保育者「それはどんなの？」
S子「首がのびよるんよ」と，手で首を作ってそれを上にあげるふりをする。
R子「そんなん作れるか？」
To男「作れるよ」
I男「首を太くしてな，出てくるようにしたらいいねん」
To男「首を太くしてな，割り箸つけて誰かが後ろからわーっとのばしたらいいやん」
Ma子「トイレットペーパーの芯をつなげて（首が）できる」
Ka男「ラップの芯の方が長くできるで」
To男「おばけの声の歌がいるな」
I男「う～う～」
O男「ふ～ふ～」

2章　協同性の育ち

保育者「うわーもうおばけになってる人がいっぱいいる。こわ〜今日ひよこ組さんがいなくてよかったわ。こわがるもん」（兄弟学級の年少ひよこ組は遠足に行っている）

　　　　　　　　　　（中略）

　そして，いよいよ「おばけ迷路」の開店日となった。今日は年中組と年少組がお客さんとしてきてくれる日である。

I男「げげげのきたろう，駅長さんに化けて「天国ゆき〜」と言いました」
Ma子「はい，次の人」と，入り口でお客さん（年中ぶどう組の子どもたち）を整理している。
R子「1，2，3，4，はい，ここまで」
O男「4人しかあかんねん」
Ma子「中が詰まっちゃうから…」
A子「あ，チケットある？」「はい，これ持っていってねえ」と，チケットを配る。
Rs子「ライトは持ってきて。（たぶん返しに来て…の意味）はい，にんにく。ドラキュラに見せんねん」
保育者「見せたらどうなるの？」
Rs子「（ドラキュラが）逃げていくから」
保育者「わかった。持っとくわ」

　　　　　　　　　　（中略）

　ぶどう組全員が帰ったあと，部屋に集まり話し合いが始まり，人の悪かったことなどを口々に言い始める。

J男「Taくんが死んでなかった」
Ta男「えー，死んでたで〜」
保育者「1人ずつ言おうか」
S男「K先生がちょっと気になることを言ってた。Ta男が足の下に入って歩きにくいって」
保育者「どうしたらよくなるかな？」

O男「いのししみたいに（早く）行ったら危ないから，ちょっとだけハイハイして（お客さんより）遅く（ゆっくり）行ったら？」
Ko男「遅くいっても足にぶつかるから，立っておどかすだけにしたら」
　数人から「そうや」の声があがる。
Ko男「ぶつかるのがダメやねん。ぶつからないようにしたらいい」
To男「おばけも，ぶつかりそうになったらよけたらいい」
保育者「よかったところは？」
R子「受付の人が，にんにくをどう使うかと教えてあげていた」
S男「こわかったって言った人（お客さん）いたで」
Sa子「おばけになって，「おまえを肉にしてやる〜」って言ったのがこわくてよかった」
O男「こわがってた」

（後略）

（第25回近畿地区私立幼稚園教員研修大阪大会の分科会資料：安達かえでによる，2010）

　子どもたちがおばけのイメージを出し合い，おばけごっこの遊びイメージを拡げ，おばけ作りの工夫をし合っている。そこで，お互いの意見や考えを重ね合わせながら，おばけ迷路ごっこを協力して作り上げていく過程をみることができる。また，〈われわれ〉の取り組み方やその結果をみんなで省みるといった年長児ならではの姿もみられる。そこでの保育者は，まさに自立的な子どもたちの会話を支援する司会者としての役割を果たしていることがみてとれるだろう。

　もう1つ，運動会のグループ競技の練習に取り組んでいた子どもたちのエピソードから抜粋してみてみよう。

◆グループ競技は5人1組で竹棒をもち，行きは走りながら先にあるコーンを周り，そこから帰りは竹の棒にまたがって走り，スタートラインに戻り次のグループにバトンタッチするといったルールの競技である。年長の

3クラス（なすび，きゅうり，だいこん）は対抗で競い合うが，〈だいこん組〉が最下位になる。最下位になって，だいこん組は悔しくて勝つためにどうしたらよいかを5人1組のグループごとで話し合っている。たとえば，〈たから〉グループでは，S男が「おれ，おいてきぼりになることあるから，1番前にする。Y男は力が強いから1番うしろ」と提案したり，〈でんき〉グループでは「速い人を前と後ろにする」とか，「真ん中遅い人にしよう。おれ遅いから真ん中にする」といった，棒を持つ位置についての話し合いが聞こえる。

　各グループが作戦を立てて再度勝負するが，またまた〈だいこん組〉は負けてしまう。保育者は，いつも負けるのはコーンを大回りするのと，走るグループの順番が関係しているなと思いつつ，子どもたちがそれに気づいて欲しいと見守っていた。その後，みんなで話し合いながら練習しているとき，それまではアンカーや走る順番など決めていなかったが，H男が「アンカーは誰（どのグループ）にする？」と言い出した。

　保育者は「どうして？」と聞くと，H男は「アンカーは，速いグループの方がいい。各グループごとのタイムを計ったらいいねん」とアイデアを出す。保育者が「ストップウォッチいま持ってないんだ。どうしよう」と言うと，H男は「なんで？　口でい〜ち，に〜，さ〜んって数えたらいいねん」と提案する。そこでそのようにしてタイムを計り，タイムが一番遅かったグループからスタートし，タイムが一番速かったグループがアンカーという作戦になった。そんなとき，幼・保・小の交流があり，小学生がほぼ同じ内容の競技をするのをみる機会があった。保育者は「小学生がどんな風にコーンを回っているかをみててね」とだけ声をかけた。なぜなら，他の2クラスはすでにコーンに近い棒端の子どもはスピードを緩め，そこを軸としてコーンの周りを小回りしていたのに，だいこん組はなおもコーンを大回りしてしまうからであった。

　翌日，3クラスで対抗するとまた〈だいこん組〉が最下位であった。やはりコーンを大回りしていた。走る順番を工夫したのに負けた〈だいこん

組〉は，作戦を立て直すことになった。アンカーはそのままで，1番にアンカーの次に速いグループをもってこようと，依然としてグループの順番をめぐって話していたが，H男は「コーン回るとき，はしっこ（一番後）の人は動かずじっとしてた」と言う。だいこん組は，今度はその作戦でやってみようということになり，コーンの小回りを意識した熱の入った練習が始まった。そして運動会の当日，なんと〈だいこん組〉は初めて一位になった。子どもたちは抱き合い，喜びもひとしおであった。

(9〜10月)

(第17次プロジェクトチーム岩田班・研究紀要，2009から)

　これらは一例だが，園外保育での体験から自分たちも同じことをやってみたい，同じものを作って遊びたい，お客さんとしての年少児を怖がらせるおばけ迷路を作りたい，自分たちのグループが何とか勝ちたいといった共有する目的や行動への意欲をもたせるような環境作りが大切になる。そこで，子どもたちがワクワクして，心を躍らせ〈こうしてみたい〉〈あんなふうにしてみたい〉といった目的意識と，その実現へ向けてみんなで協同していく意欲を喚起する環境が協同的な活動を促す大切な契機になるように思われる。

自立性・能動性を引き出す環境作り

　かつて本吉（1979）は不親切保育論を唱えた。この保育論も，協同する体験を喚起する保育環境のヒントになるように思える。あえて不親切な保育環境を設定することは，子どもたちが自分たちで考え工夫し合っていく能動的な本来の力を育んでいくという。たとえば子どもたちに紙飛行機や紙鉄砲の折り方は教えるが，あえて大きさや紙質が違う多様な紙を用意して自由に選ばせる。すると，めいめいが作ってもよく飛んだり飛ばなかったりする飛行機や，よい音で鳴ったり鳴らなかったりする紙鉄砲が出てくる。そこで，子どもたちは「どうしてかな？」「どうしたらよく鳴る紙鉄砲が作れるのか？」と，みんなで考え，工夫し合っていくことになるという。梅雨の合間に晴れた園庭でブランコ

に乗りたい。しかし，ブランコの下の掘れた部分に水が溜まっており，すぐに足がびしょ濡れになってしまう。それを分かりながら，あえて保育者はその水をあらかじめ親切にかき出しておかない。すると，足が濡れないで楽しくブランコに乗るにはどうしたらよいかを自分たちで工夫していこうとする。このように子どもの能動性を信頼した不親切保育は，子どもに自分たちで〈どうしたらよいのか？〉〈どうしてなのかを知りたい〉といった課題意識をもたせ，それをみんなで考え，工夫しながら達成・実現しようとする主体的・能動的な活動を引き出すことになるというのである。

　不親切保育ではないが，やはり子どもたちの主体的・能動的な活動を引き出すヒントとなるエピソードがある。

◆幼稚園から15分ほどの公園に，年に3〜4回園外保育に出かける。しかし，その前日に大雨が降り当日も曇りという予報で，担任は〈芝生の斜面をソリで滑って楽しむ〉という当初のねらいが無理と判断して，園長に中止の相談に行った。園長には「ソリ遊びは冬にもできるから，一度子どもたちに投げかけてみては」と言われる。そこでクラスの子どもたちに，公園には他にも遊べるところはあるが，明日はソリ遊びができないので遠足に行くことをどうするかを聞いた。その結果，子どもたちの声で行くことに決定。そこで公園の地図を説明しながらホワイトボードに書いていくと「その川知ってる！　ザリガニがたくさんいるで！」「そこでザリガニ釣りしたい！」といったふうに，子どもたちと一緒に〈どこで何（どんな遊び）をどれくらいの時間するのか，どういうルートで回るか〉など，遠足のプランを細かく話し合った。

　そして当日は，いつものように保育者が「つぎは…するよ」と声をかけるのではなく，「先生つぎ，くっつき虫探しやな！　早く行こう！」，「そろそろお弁当食べよう」と，子どもたちがリードして，したい遊びを楽しむ姿がみられた。　　　　　　　　　　　　　　　　　　　　（10月）

（第17次プロジェクトチーム岩田班・研究紀要，2009から）

安全管理上の問題もあり，普段は決められたスケジュールにしたがって園外保育は行われる。しかし，たまたま雨が降ったため，このエピソードのように子どもたちがみんなで遠足にいくかどうかを決め，公園で何の遊びをするか，公園で過ごす計画を立てることになった。そして公園では，自分たちが立てたスケジュールにしたがって自主的に行動していく子どもたちの様子がみられる。このような自立的な活動の機会は，まさに子どもたちが協同する体験を促す機会や契機にもなるように思われる。

もう1つの協同する関係作り

　生活発表会といった年長クラスでの取り組みも，それまでの体験を生かす集大成の場となり，子どもたちが協同的な遊びや体験をする大切な機会になる。石川県小松のこばと保育園では縦割り保育による恒例の生活発表会があり，それを年長児の協同的な学びの場として位置づけている。その生活発表会には親や家族が招待されることになっている。12月に入って，生活発表会に向けてどんなごっこ遊びがしたいかを話し合い，ゲーム遊び，美容院，食品売り場などの案が子どもたちから出され，そこでそれらがそろっているショッピングセンターを作ることになった。もちろん年長児が主導していくが，縦割りグループごとに遊びのイメージを話し合い，何を作るかを決め，それを実現するために遊びに必要な材料を集めて作っていく。その際，保育者も相談にのりながらアレヤコレヤと一緒に考える。たとえば，美容院で洗髪の椅子を作りたいが，どうしたら座って後ろに倒れる椅子を作れるのか，ダンボールでショッピングカーを作りたいがどのように車輪をつけるかといった課題が子どもから出され，保育者も一緒になって考え，子どもたちと工夫し合いながら取り組む。家庭にも協力してもらい遊びに使えそうな廃材を探してもらったりするが，家に帰って園での様子を話す子どもをみて，親の方も熱心になり積極的に協力してくれるようになってくる。洗髪のための椅子作りも，なかなかうまくいかない様子を聞いたお父さんが，うまく倒れるようなアイデアを一緒に工夫してくれる。ゲームコーナでは，本物と同じように，コインを入れ，箱の中から出ている孫

の手を動かし，うまく箱のなかのおもちゃを中央の四角い枠のなかに入れ，外側にある取手を引くと枠の下が開き，そこからおもちゃが落ちて出口から出てくるといったUFOキャッチャーを作っている。いつの間にか，親も一緒になって子どもの遊びに巻き込まれその参加を楽しむようになり，子どもたちの生活発表会を楽しみに待つようになる。ショッピングセンターのオープンの日（保育参観）になり，子どもたちは生き生きしながら協同で製作したコーナにお客さんとしての保護者を迎えることになった。

　このような保育の経過をみていると，子どもたちの協同的な活動に保育者だけが支援的に関与するのではないように思われる。園での遊びに保護者を巻き込み，そこで（保護者が負担と感じるのではなく）保護者が一緒になって楽しみ，子どもの遊びに参与してくれば，園での子どもたちの遊びもなお一層盛り上がってくる。それが，ひいては子どもたちの協同的な遊びを側面から支えていくことになる。その意味では，園での遊び活動のなかに保護者を巻き込み，さらにそこで保護者同士の連携を作っていくことも保育の大切な仕事になってくるかも知れない。保護者と園，保護者同士の協同的な関係が，子どもたちの協同的な関係作りにも反映されてくる。このような連携が，保育の場における子どもたちの協同する遊びを支えていくもう1つの大切な要因となるように思われる（岩田，2004a）。

4　まとめに

　第1章で述べたように，保育に不易な課題は，集団としての関係（共同性）をいかに作っていくのか，そのなかで一人一人の子どもの生活をいかに充実していくのかといったことに尽きる。入園時から始まる共同と個の生活作りが，協同性の育ちとなって年長児に結実してくるのである。5領域にあげられているさまざまな学びや育ちのねらいは，じつはそのような共同する生活の体験と深くむすびついて達成されていくのである。

3章　学び合う姿の原点
　　　——幼小の連携という視点から

　ヒトは社会的な存在であり，誕生後も早くからヒトは単独で学ぶというより，周りのヒトのすることをみて学ぶ，ヒトから教わって学ぶ，ヒトと一緒に学び合うなど，他者との社会的な相互関係のなかで多くのことを学んでいくのである。

1　幼稚園での学びとは

　そこで，まず学ぶ場としての幼稚園を考えてみよう。幼稚園に初めてくる子どもは，危機的な環境の変化（移行）を経験する。それは，どのような環境移行であろうか。それまでは，何やかやとは言っても自分の思いは親によって受け入れられてきた。また，家においては好きなときに好きなことができるし，そこでは遊びのルールを守るなどといった面倒なこともなかった。しかし，入園と同時にその様相は一変してくる。子どもは，自分の思うままにはならない，自分に都合よくは動いてくれない，自分の理解を超えた異質な他者と出会うのである。ここでは，それを他者性と名づけておく。見知らぬ他者（多くの仲間や保育者）が関与する生活のなかで，圧倒的な他者性を体験することになるのである。その意味で，そのような他者が関与した生活をどのように作っていくか，そのなかで個としての自分らしさをどのように発揮していくかといったことが，子どもにとっても保育者にとっても，大切な課題になってくる。
　園での生活が始まると，必然的にそのなかで，子どもは異質な仲間との間で対立や葛藤を体験することになる。そこで，自分だけの思いや勝手は通らないことを思い知らされる。そのように他者性と出会うなかで，子どもは仲間と一

緒に遊び生活するには，相手の要求とどのように折り合い（譲歩，妥協…）をつけていくかといったすべを学ぶことになる。そのような仲間との遊びや生活体験のなかで，子どもはさまざまなことを学んでいくのである。

　幼児教育は子どもの主体的な遊びを中心とした活動を通して行われ，幼児にとって遊びこそが学びの場なのである（文部科学省，2008）。そして，5領域（健康，人間関係，環境，言葉，表現）の内容も多くは遊びを通して達成されるものである。しかし，これらの学びは，小学校のような教科個別的な学びではない。そこでの学びは遊びのなかで総合的に達成されていくのである。したがって，遊びのなかに「健康」「人間関係」「環境」…といった時間があるわけではない。たとえば，仲間とものを転がして楽しむ遊びという1つの活動をとりあげてみよう。そこでは，楽しんで取り組む，友だちとかかわる，友だちに話す，転がし方を工夫する，転がり方を発見する，さまざまな素材や傾度で試す…などと，各領域における育ちや学びにかかわっており，5領域のねらいや内容が総合・連関的に学ばれているのである。そのように能動的な遊びを通して学ぶものこそ，まさに「生きる力」の基礎になってくるのである。

　2008年の幼稚園教育要領の改訂の大きな柱となっている「発達や学びの連続性を踏まえた幼稚園教育の充実」の下に，「幼小の円滑な接続」がかかげられている。そこで，「幼稚園教育がその後の教育の基礎を培う」と幼児教育が位置づけられ，そのために協同する体験（幼児同士が共通の目的を生み出し，協力し，工夫して実現していく）を重ねること，規範意識の芽生え（体験を重ねながらきまりの必要性に気づく）を培うことなどが大切なねらいとして，いずれも領域「人間関係」のなかに書き加えられた。協同する体験は，内容として「友達と楽しく活動する中で，共通の目的を見いだし，工夫したり，協力したりなどする」が新たに加えられ，その内容の取り扱いにおいては「幼児が互いにかかわりを深め，協同して遊ぶようになるため，自ら行動する力を育てるようにするとともに，他の幼児と試行錯誤しながら活動を展開する楽しさや共通の目的が実現する喜びを味わうことができるようにすること」と説明されている。また，そのような遊びや活動のなかで皆と楽しく遊ぶには，〈われわれ〉のルー

ルやきまりを守る必要があることに気づいていく体験などを通して規範的な意識を培うことも重視されている。それについては，内容の取扱いのなかで「集団の生活を通して，幼児が人とのかかわりを深め，規範意識の芽生えが培われることを考慮し，幼児が教師との信頼関係に支えられて自己を発揮する中で，互いに思いを主張し，折り合いを付ける体験をし，きまりの必要性などに気付き，自分の気持ちを調整する力が育つようにすること」と，今回の改訂で新たに盛り込まれている。

　また「幼小の円滑な接続」とは別に，社会の変化による子どもの育ちの諸問題に対応する課題が，今回の領域ごとの改訂点にもつながっている。具体的には，「幼児が自分の思いを言葉で伝えるとともに，教師や他の幼児などの話を興味をもって注意して聞くことを通して次第に話を理解するようになっていき，言葉による伝え合いができるようにすること（領域「言葉」）」，「他の幼児の考えなどに触れ，新しい考え方を生み出す喜びや楽しさを味わい，自ら考えようとする気持ちが育つようにすること（領域「環境」）」，「他の幼児の表現に触れられるよう配慮したりし，表現する過程を大切にして自己表現を楽しめるように工夫すること（領域「表現」）」などとわずかずつ文言の改訂がなされている。また領域「健康」に新しく加わった〈食育〉に関する内容もそうである。このような今回の改訂をみていくと，発達や学びの連続性といった観点から，それ以降の教育への基礎を培い，幼小の円滑な接続のために，幼児教育においてどのような学びや育ちが必要なものとして考えられているかがうかがえる。友だちと協同して活動する，規範的な意識を養う，人の話を聞くといったコミュニケーション力，好奇心・探究心や自ら考えていこうとする思考力，食という行為も含んだ基本的な生活習慣…といったねらいを思い浮かべることができる。たしかに，いずれも小学校での生活や学びの活動が成立する基盤となってくるように思われる。

　やがて幼児は，小学校というさらに異質な場へと移行するが，上述したような幼稚園での育ちや学びが，はたして小学校での生活や教室における学びとうまく接続しているのであろうか。

2　遊びを通して学び合う

　子どもは遊びを通して学ぶ。その多くは仲間との相互交渉のなかでなされる。仲間と一緒に遊び，共に環境へ働きかけるなかで，5領域にねらいや内容としてあげられているさまざまなことを学んでいくが，そこでは互恵的な学び合いがみられる。それには，相互交渉のなかで教え合うといった行為が大切になってくるのである。

教えるという行為

　教えるという行為には，他者の心の理解がある。相手の心的状態を推し量り，それを自己のものと比較するといったことが必要である。そのような理解によって，自分（相手）は知っているが相手（自分）は知らないから教えてあげる（教えてもらう）といった相互の行為が成り立つからである。自他の知識といった内的状態を比較的に表象化できるからこそ，「教える」「教わる」という自覚的な行為が生成されるのである。ところで「教えて」「教えてあげようか」といったことばは，年少児でも4歳になった頃からみられ始めるが，そのような言動が一般的なものになってくるのは，やはり年中児に入ってからである。

　　◆年中児がドングリの人形と，そのお家を作っている。紙でできた中空の芯筒（胴体）の上にドングリを乗せボンドでくっつける。糊を四辺につけた千代紙で人形の胴体をまいていく。着物が完成した女児のR子は，モールを人形の首に巻いてマフラーにしたいらしいがうまくいかず，先生を探すようにウロウロしている。そこへS子がやってきて「（人形作り）やってもいい？」「どうやったらいいの？」と聞く。R子はどんぐりと芯筒をもってきてS子に渡すが，S子は作り方を知らないようで困惑した表情をしている。それをみたR子は「こっちでペンをもらってお顔とか描いてな，ここをこうして，それからこうして作るの」と，作業の段取りを説明する。

それでもS子はよく分からないのかなかなか始めようとしない。するとR子は「ちょっとおいで，教えてあげる」と隣に連れて行き，「ここでペンかしてもらって」…と教えている。そのあと，R子の方はやはりモールの付け方がわからずウロウロしていたが，保育者が戻ってきたのでやり方を聞くと，「Nちゃん上手にやっていたから聞いてごらん」と保育者からアドバイスされる。N子はそのやりとりに気づき，R子の方にやってきて「かしてみ，これは…」と言ってやり方を教え始めたが，「ちょっと，おいで」と自分の場所につれて行き，実際にセロハンテープを使って人形にモールを取り付けてみせる。その際，N子は「つけたりはずしたりするのと，ずっとつけてるのと，どっちがいい？」とたずねる。R子が「ずっとつけてる」と答えると，N子はモールをテープで固定して「はいどうぞ，これでいい？」とR子に人形を渡す。…そのあとR子は人形の家作りを始めたが，牛乳パックを切ってドアを作るやり方が分からなかったときも，今度はR子の方からN子に「どうするの？」と質問し，教えてもらう姿がみられた。　　　　　　　　　　　　　　　　　　　　　（10月）

◆年長児の部屋で紙トンボを作っている。ストローの先に切れ目を入れ，そこに牛乳パックを細長く切ったものを中央で折って，その部分を切れ目に挿しこみホッチキスでとめ，紙の両端を左右にひろげてトンボのできあがりである。K男はやってきたT男に作り方を教える。T男はやってみるがうまくとばない。みると挿しこみの根元がホッチキスでうまくとまっていないのでぐらぐらである。それをみてK男は「Tちゃん，とびやすくない，ここもホッチキスでとめなあかんねん」とふたたび教える。T男は教えられた通りにちゃんととめたあとで飛ばしてみて，「言う通りや，すごく飛びやすくなった」と言う。　　　　　　　　　　　　（9月）

少しエピソードは長くはなったが，年中児あたりから「教える」という言動が一般的なものになってくる様子がうかがえる。最初のエピソードでは，R子はN子から教わろうとするだけでなく，自分のすでに知っていることをS子に

教えてあげようとする行動がみられる。このようなお互いに教え合うといった形態は、年長児にはさらに一般的にみられるようになる。また仲間に教えてもらった子どもが、今度はそれをまだ知らない仲間に教えてあげるといった教え合いもそうである。また、教える際にモールの取り外しがきくようにするのか、固定するのかといった相手の意向を聞き、それに応じて異なった付け方を教えようとする教えぶりが興味深い。

　園では異年齢児の交流もみられ、そのなかでは年長の子どもが年少の子どもに教えるといった光景もよくみられる。年少の子どもにとって、年長の子どもはさまざまな学びのモデルとなる。他方の年長の子どもにとっても、年少の子どもへの教え方を学ぶ機会となるのである。

　◆赤白のチームに分かれた年長児のドッチボールに数人の年中児が混ざっている。年中のY男は白組に入ったものの、他の年中児と違ってルールがあまり飲み込めないようである。「Yくんあたったし、外野、外野」と反対の赤チームから言われるが、首をかしげてじっとしている。別の年長児が「向こう、向こう、外野やん、外野やん」と赤チームの後ろにある線外を指差して教えるが、それでもどう動いたらよいか分からない様子（外野ということばの意味が分からない）。同じ白組の年長児が「あたったら、線の外に出て、赤チームの人の後ろに行くんやで」「ここが外野やで、ほんで、ここで当てたらまた帰ってこれるしな」と、場所を示して外野の意味とルールを説明する。Y男は「うん、わかった」と言うが、後ろに行って「ここが外野」と言われた場所でじっとしている。しかし他の子どもたちの動きをみてやっとどうすればよいのか分かったようである。Y男は赤の子どもにボールを当てて内野に戻り、そのあと味方の年長児が敵にボールを当てたのをみて「外野、外野」と囃すように言う。　　　　　（1月）

　ところで、教えるという行為がどのように発達するのかをみた研究もなされている（Strauss et al., 2002：Strauss, 2005）。子どもがおとなからゲームの仕方を教えてもらい、それがうまくできるようになったところで、今度はそれを仲

間に教えるという過程を発達的に分析している。おとなはゲームのルールをことばで説明し，ゲームを一緒に遊ぶなかで重要なルールを繰り返して説明する。子どもがゲームの仕方を学んだと思えるようになったあと，今度はゲームを知らない仲間に遊び方を教えるといった課題が与えられた。そのゲームとは，順番にふったサイコロの上面の色に対応した立方体をルールにしたがって動かし，盤上に異なる色の4つの立方体の集合をどちらが先に作るかといったゲームである。その結果をみると，3歳半ばでは仲間に単に手本を行動でみせるだけであった。しかし5歳半ばでは，仲間にルールをことばで説明する，仲間の理解の様子を確かめながら（モニタリングしながら），ルール説明を繰り返したり，以前に説明したルールを思い出させたり，直接的に行動を指示したりする。また，相手がなすべきことを理解しているかどうか，覚えているかどうかをチェックするといった行動もみられる。筆者の観察（岩田，2001a）でも，年長に入ると相手の様子をみながら，説明の仕方を変えるとか，ときにたとえを使って要領を呑み込ませようとするなど，教え方がより巧みなものになってくる。年長児になると自分の教え方が効果的かどうかをモニターしながら，教え方を修正したり変えたりするといった随伴的な教えぶり（contingent teaching）が可能になってくるのである（Strauss, 2005）。さらに年長児では，相手に説明したあと正しく理解されたかどうかを「やってみて」と確かめてみる，理解していないなら教え方を変えるとか，また教える内容が複雑な場合には，それをいくつかの下位課題に分割して教えていくといった工夫もみられるようになる。

　このような能力の形成こそ，仲間と協働するやりとりを可能にさせていくのである。みんなで相互にアイデアや知識を出し合い・補い合いながら，共有する目標の実現に向かって協働するといった集団での思考を可能にするからである。まさに，それがそれ以降の教育のための基礎を培うことにつながっていくように思われる。

3 「学び」の環境移行

　これまでの学校教育法は「学校とは，小学校…大学，高等専門学校，特別支援学校及び幼稚園とする」（１条）と，学校の範囲を定めていた。しかし2007年に改正された学校教育法では幼稚園が学校種の冒頭に位置づけられ，その意味は同学校教育法の22条の改正のなかに「幼稚園は，義務教育及びその後の教育の基礎を培うものとして…」という文言で示されている。幼稚園が「義務教育及びその後の教育の基礎を培う」時期として位置づけられたのである。このことは当然，2008年の幼稚園教育要領の改訂にも反映されている。それでは，それ以降の教育は，幼稚園での学びや育ちをその目論見通りにうまく基礎として活かしうる場になっているのであろうか。

異質な「学び」へ

　幼稚園とそれ以降の学校での学びには決定的な差異がある（図3-1）。幼稚園は遊びを中心とした生活であり，幼児にとっては遊びを中心とした生活こそが学びの場となるのである。たとえば，鬼ごっこで20数えてから目をあけて追いかける，積み木ブロックの大きさを揃えたり形を組み合わせて片付けるといった遊びや生活のなかで，それらの活動文脈に埋め込まれた形で，数や図形といった概念を自然に学んでいくのである。榊原（2006）によると，小学校のように図形や数を取り立てて指導している中国などの幼稚園児と比べても，わが国の幼児の数や図形の概念発達は劣らないという。むしろ，幼児期における豊かな遊びや，日常保育における活動や体験こそが，小学校での生活や教科的な学びへの豊かな土壌作りになっていくと示唆する。

　しかし小学校に入ると，その学びの様相は大きく変わってくる。そこでは「学び」と「遊び」の活動が区別されるようになる。幼児は遊びを通して，結果として5領域（健康，人間関係，環境，言葉，表現）でねらいとされているさまざまな学びがなされる。しかし，学ぶために遊ぶのではけっしてない。幼児

3章　学び合う姿の原点

学びの内容　　　　　　学びと遊びの関係

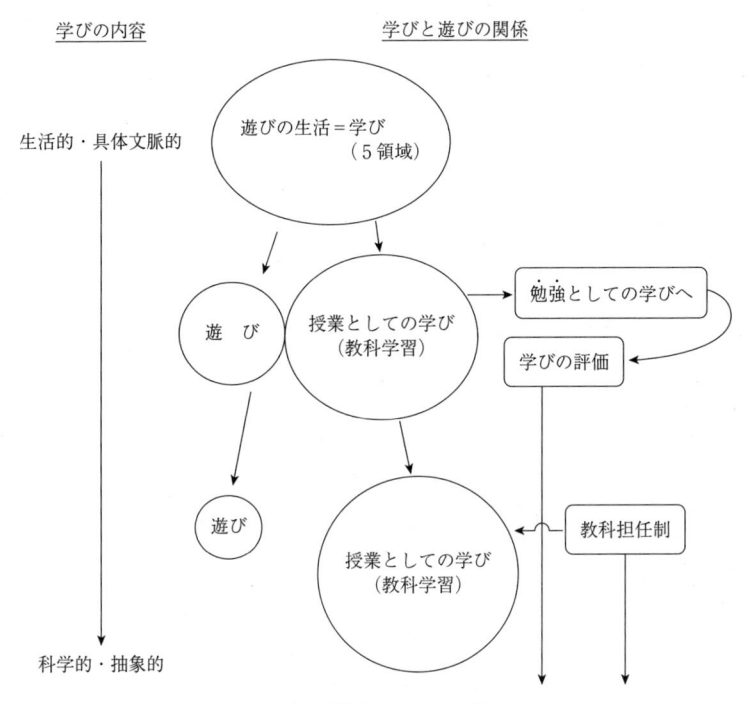

生活的・具体文脈的

```
         遊びの生活＝学び
            （5領域）

    遊び     授業としての学び  →  勉強としての学びへ
            （教科学習）
                           学びの評価
    遊び
            授業としての学び  ←  教科担任制
            （教科学習）
```

科学的・抽象的

図 3-1　学校種による異質性

にとって遊びが学びになるのである。しかし小学校では，学ぶための学びが求められ，「遊び」と「学び」は区別され，教科としての学びになり，教室は教科書を開き座って授業を受ける勉強の場になるのである。その意味で，幼小を境として学びの形態や環境に劇的な変化が生じるのである。学びの形態や内容における変化だけではなく，それに付随して生じる変化もある。教科としての「学び」は，教師から通知表といった形で個別に成績として評価されるようになる。さらに中学校に入ると，教科担任制となり定期試験が行われ，ますます子どもの学びは序列づけられていくことになるのである。心理学的な研究によると，このような学びの評価が子どもの自尊感情（優越感や劣等感）の形成に重要な要因ともなってくる。

　学びにおける9歳の壁と言われるように，この頃から「学び」の内容は抽象

51

的なものになってくる。特定の場面や領域を超えて普遍的に通用する科学的な知識や概念，法則的な命題知識を学ぶことが目指されるからである。もちろん，そのような科学的な知識や概念の学びが大切であることは言うまでもなかろう。しかし，その学びがますます具体的な生活体験や文脈からは離れ，子どもにとっては何のために学んでいるのか，学んでいることの意義や必然性がしだいに感じられなくなってくる。その結果，試験でよい成績をとるだけのための「学び」＝暗記学習にもなってくる。受験をひかえる頃になると，そういった学びのニュアンスがなおさら強くなる。

その異質性とは

　小学校における典型的な「学び（授業）」の状況を想像してみよう。すでに正しい答え（知識）を知っている教師が子どもに問題を与え，子どもはその答えを見つける，探すといった形式で学びが進んでいく。そこでは，教師が発問し，それに子どもが答えるといった権威関係の場において学びがなされる。それは，まさに学びの評価者─被評価者という関係と対応したものである。それでは幼稚園での学びはどうであろうか。園の教師（保育者）は子どもと共にある生活者であり，子どもにとって「先生」ではあっても，小学校のような〈教える─学ぶ〉といった関係で結びついているのではない。保育者は，園のなかで子どもと共に遊ぶ生活者として，並び合い，寄り添い，見守る関係にある。ときに子どもに指示し，子どもを叱るといったことがあるとしても。もちろん園では，学びの個別な序列づけなどはなされない。

　年長児の頃には仲間と競うような遊びを好んでするが，そのなかで一緒に楽しく遊ぶには，ルールや決まりを守る必要があることに子どもたち自らが気づいてくる。競い合うための公平なルールや約束事を自分たちで工夫して作り出していくようにもなる。このように共同の遊びのなかでルールの必要性や大切さを学び，規範意識が培われていく。もちろん幼稚園でも安全管理上から守るべきゆるやかな約束事や決まりが与えられるとしても，基本的には子どもたち自らが遊びや共同の生活のなかで決まりを決め，それをみんなで守ることの大

切さを学ぶのである。その意味ではトップダウン的な規範ではなく，みんなとの遊びや生活の必要上からみんなで工夫する，そして守るといったボトムアップ的な規範への意識である。だからこそ，みんなで工夫して決めたルールに違反するとか，それを守れない子どもはみんなの遊びから厳しく排除されることにもなるのである。

　しかし，共同の遊びのなかでの必要性からルールを作り，守り合うといった幼児期の規範意識の芽生えを，以降の教育は活かし・伸ばす場となっているのであろうか。小学校に入ると，学校での学習や生活上，また学外で守らねばならない決まりや約束事が飛躍的に多くなる。中学校では，さらに守るべきルールは複雑多岐に渡り，それは校則という形で生徒手帳に記されるようになる。なぜ，それらが自分たちの生活に必要なのか，なぜ守る必要があるのかが理解できないような決まりや，また実情にはそぐわない形骸化したルールが有無を言わさず与えられる。それらは，ときにその本来的な目的から逸れ，形式的・画一的に都合よく子どもを管理するためだけの校則になり，逆に子どもを生きにくくさせてしまう。子どもにとっては，まるで自分たちの自主性や自律性を拘束するものと映ることにもなる。これでは，せっかく幼児期に培われる規範意識の芽生えが，以降の教育のなかにうまく接続されていかないように思われる。そこでは，もっぱら与えられた校則を従順に鵜呑みにして守るだけの子どもも，罰する教師や学校の目がないとルールを平気で破る子ども，教師や仲間の関心や注目をひくためにわざとルールを破る子ども，教師や学校への反抗の手立てとしてルールを破る子ども，といった姿しか思い浮かんでこないことになる。下手をすると，その規範とは自分たちを不要に拘束するだけのものとしか感じられなくなってしまうように思われる。

4　幼小の連携や接続に向けて

　このような学びの差異が，幼小の間に大きな段差や溝を生むことになる。それが小1プロブレムに代表される学校現場でのさまざまな問題を生み，そこに

育ちや学びの連続性という観点から幼小の円滑な接続が課題とされるようになったのである。今回の改訂において「幼稚園教育と小学校教育の円滑な接続のため，幼児と児童の交流の機会を設けたり，小学校の教師との意見交換や合同の研究の機会を設けたりするなど，連携を図るようにすること」と，子どもたちの相互交流や教師間の交流・連携の必要性が唱えられている。たしかに，これらは大切なことであろう。しかし，「学び」観や学びの様態における両者間の差異を看過しては，幼児教育をその後の教育の基礎としてうまく接続していくことは難しいように思える。

　ある幼稚園では，年長児に古いランドセルを用意して〈学校ごっこ〉で小学校の雰囲気に慣れさせるとか，一方の小学校では机や椅子を後ろによせ車座になって幼稚園的な雰囲気のなかで授業を行うといったような試みがなされているそうである。たしかに，子どもにとって物理的な「学び」の環境差はなだらかに接続されるかも知れない。しかし，そのような学びの環境を相互に近づけるような工夫だけでは，根本的な問題は解決しないように思える。また，滑らかな接続に意識を奪われすぎて，幼児教育のなかに小学校の準備教育的・前倒し的なカリキュラムを組み込んで事足れりとする危うさにも心しなければならない。

　そこでふたたび，幼小の「学び」の差異を考えてみよう。「幼稚園では，子どもがただ遊んでいるだけではないか」という声が，しばしば保育を参観した小学校の教師からあがる。しかし幼稚園では，遊びのなかで，遊びを通して子どもはじつにさまざまなことを学んでいるのである。遊びのなかで，数や図形といった概念の土壌になる学びの経験をするだけではなく，遊びを通して自分たちで協同して活動することを学んでいく。また，一緒に楽しく遊ぶには自分たちで遊びのルールを工夫し，それを守ることが大切であることも学ぶ。子どもと共に生活する保育者は，それらの行動を励まし，ときに一緒になって考えていこうとする仲間でもある。

　それに対して小学校ではどうであろうか。教室は，自分たちで目的をみつけそれを仲間と協同で考え工夫し合う場というより，「教師が問う（訊く），それ

に子どもは答える」といった関係性のなかで，誰が早く，誰が要領よく教師の期待する答えを見つけるかを競い合い，それが序列的に評価される学びの場として登場する。それは，幼児にみられる協同的な学びとは似て非なるものである。

　鶴見（1999）は「最近，13歳，14歳の中学生と13回つづけて会って話しをする機会があり，そこで生徒の出した教師への注文は，教師が自分をふくめての問題を出してこないという点にあった。親についてもそうで，親が子どもをふくめての自分として，人生の問題を問うたことがないということを，とてもはっきりと，なげかけてきた（p. 131）」と，中学校での教師と生徒の関係を象徴的に述べている。それは，教師や親が子どもに問いを出す存在としてあっても，自分自身へ同じ問いをなげかけ，共に考えていこうとする存在として現れてこない，といったことへの子どもからの異議申し立てである。このことは，後述するように教科的な知識を教えていく学びの過程にもあてはまるだろう。鶴見のコメントは，小学校以降の学びの場における教師と子どもの関係も象徴的に言い当てている。そこでの学びの場において，教師は一方的に問う存在であっても，共に考え合う存在としては登場してこないのである。

〈その後の教育の基礎〉となるには

　それでは，幼児教育がその後の教育の基礎になるためには何が必要となるのであろうか。幼小での学びにある根本的な差異をみるとき，幼児教育のなかでのさまざま学びが，その後の学校教育にうまく接続し，その後の教育の基礎として活かされていくにはどうすればよいのだろうか。

　幼児教育のなかで，その後の教育の基礎としてみなされる学びとは何であろうか。基本的な生活習慣やコミュニケーション力の形成，ものごとへの好奇心・探究心，自己表現力の育ち，思考力の芽生えといったものがあげられる。いずれもその後の学校での学びや生活にとっては不可欠である。それにも増して，他の仲間と協力・協働しながら自分たちで見いだした目的を実現していこうとする協同する（協同的に学ぶ）力の育ち，遊びのなかでルールを共有し守

り合うことの必要性を学ぶといった規範意識の育ちは，まさに以降の学校での学びや生活の大切な基礎となってくる。そのような学びや育ちは，いずれも教室での仲間との学びや生活を支えていく基盤となっていくのである。したがって，そのような学びをしっかり育むことこそ，幼児教育が担う責務であるように思われる。

　しかし，そのような学びや育ちがはたして以降の教育の基盤としてうまく接続され活かされているのであろうか。既述してきたように，どうも以降の教育は，遊びを通して培われた子どもの学びや育ちを接続して生かす場としてうまく機能していないのではなかろうか。ときに，幼児期のなかでせっかく培われた力が，その後の教育では等閑視されるとか，邪魔なものとされてしまうこともみうけられる。たとえば，幼児期に培われる規範への意識も然りである。もともとルールは他者と共同生活をする必要から作られたものである。それぞれが思い思い好き勝手に振舞えば混乱や衝突が生じるため，そのときどき生活のなかで必要に応じて決めた方便である。したがってルールに不都合があれば，状況に合わせて作り変えていけるものである。幼児は，自分たちの遊びや生活のなかでそのようなルールの必要性や大切さに気づき，それが規範への意識として育まれてくる。しかし小中学校では，ルールは守るべきものとして有無を言わさず最初から与えられ強制される。そのような幼小の齟齬が子どもに不適応を引き起こすことにもなるのである。たとえ与えられるものであっても，このルールが本当に自分たちの生活に必要なのかどうかを考え，学校生活のなかでこんなふうにルールを変えたほうがよいとか，こんなルールが新たに必要であるといった子どもの主体的な声が生かされるような場が必要ではなかろうか（岩田，2009）。それが，遊びのなかで培われる幼児期の規範意識の育ちを基礎として活かすことになるのではなかろうか。そのように納得して受け入れたルールは，たとえ与えられたルールであっても〈守らされる〉のではなく自発的な規範意識によって守ろうとする。それは，まさに幼児期に培われてくる自発的な規範意識の育ちと接続されていくことになるのである。

　ピアジェによると，児童期の中頃にかけ他律的な道徳性から自律的な道徳性

への変化がみられる。その一端として、ゲームのルールは絶対的ではなく、決まりに従った手続きのもとで合意される相対的なものであると理解されるようになる。そのような規範への認識発達と、なおも絶対的な規範としてルールを与え・守らせようとする学校との間にズレも生じてくる。その結果、教師がルールを守らない子どもを教育的に罰しても、子どもは必ずしも悪いことをしたと思わないといった齟齬が生じることにもなる。だからこそ、子どもたちが与えられたルールの意味や必要性を問い返す、すなわち自分たちのルールとして主体化していく場が必要になるのではなかろうか。また学校生活のなかで何が問題であり、それを解決するにはどのようなルールが必要になるかなどを、教師と一緒に考えていくといった学びの場や時間も必要である。たとえば寺崎（2006）は、「ルールやマナーは教師が一方的に押し付けるものではなく、子どもたち自身にその大切さを認識させ、自覚させることが大切である。内からその必要性を認識し自覚してこそ積極的な行為となって現れる。道徳の時間、特別活動の時間、総合的な学習の時間などにおいてルールやマナーの大切さを自覚させ、実践できるよう教育活動を進めている」と、自校の取り組みを紹介している。そのような取り組みこそ、その後の教育の基礎としてつなげ活かすためのヒントになるのではなかろうか。

「学び」の接続をめざして

幼児教育の立場から小学校に提言すれば、遊びのなかで培われる学びや育ちが、小学校での教育に活かされていくような場を工夫することが必要ではないだろうか。具体的には、子どもが教師から教えられて個別に学ぶのではなく、もっと子ども同士が協同して学び、教師も子どもと共に学び合うといった場を作り出していく必要があるのではなかろうか。たしかに、小学校では遊びを通した学びから教科の勉強に変わり、その成果が評価もされるようになってくる。しかし、そのような変化があるとしても、幼児教育で培われる能動的かつ協同的に学ぶといった力が活かされるような場を、教室での学びの場に作っていくことが求められるのではなかろうか。さもなければ、せっかく幼児教育で培わ

れた学びや育ちが、その後の教育の基礎としてうまく接続されないように思える。

　幼児は仲間との協同する体験を通して、自分たちで見いだした共通の課題や目的の実現に向けた協働のなかでさまざまなことを互恵的に学び合う。翻って小学校での教科的な学びは、原則的には教師から教授され、子どもは個別的で受動的な学び手としてある。幼稚園での協同的な学びは、遊びや生活のなかで生じた課題を実現・解決する必要性から学んでいく。しかし小学校以降の学校教育では、そのような必要性とは切り離された抽象的で命題的な知識として学ぶことになってくる。このような学びの内容や位相の違いは、幼稚園での学びや育ちが小学校での学びにうまく接続していかない原因ともなる。このような差異は、たんに学校ごっこや幼稚園的な教室環境を工夫するといった小手先のことだけではなかなか乗り越えることが難しいように思われる。

　心理学のなかでも、そのような接続を考えていくのにヒントとなるような学び論が提唱されている。そのなかに、学びとはつねに状況に埋め込まれているものであり、真正の学びとは環境や状況のなかで、それらと相互行為（相互作用）するなかでしか成立しないという学習論がある。これは幼小の学びの接続を考える上でも示唆的である。そのような学び論のなかに、徒弟制（apprenticeship）における学びをモデルとした正統的周辺参加という考え方がある。レイブ（Lave）とウェンガー（Wenger）はリベリアの伝統的な仕立屋の徒弟制度を例にあげる（渡部, 2005）。初心者の徒弟は「ボタンつけ」といった（全体からみると失敗しても影響力の少ない）周辺的な仕事であっても、最初から洋服を仕立てるといったコミュニティの実践活動のなかに組み込まれている。そこでの学びは、リアリティのある具体的な世界（ここでは洋服の仕立て）とつながっている。その意味で初心者にとっても「学びは本来、正統的」である。しかし、最初は失敗しても全体からは大きな問題にならないような「周辺的」な仕事からまかされ、そこで学んでいく。「参加」というのは、どのような初心者でも何らかのコミュニティや共同体のメンバーの一員として加わっているということである。まさに幼児における協同的な学びとは、この正統的周辺参加による学びと親和性をもっている。子どもたちが遊びや生活のなかで見いだし

た具体的なリアリティのある目的や課題を実現するために，みんなが一緒に協同して活動する。そのなかでは，ある課題の遂行に熟達している者やそうでない者がおり，そうでない周辺的な者はその実現に向けてそれなりの役割を担っていく。周辺的な者は熟達者の考えや行為をみながら，正統的な共同実践のなかで学んでいくのである。異年齢児間の縦割り保育などにもそのような学びの形態がみられる。

◆先の（2章 p. 40）こばと保育園では，行事などでは4月から縦割りで4グループの保育形態を作っている。毎年恒例（12月）の生活発表に取り組むことになった。4つのグループが遊戯室に集まり，どんなごっこ遊びがしたいかを子どもたちが話し合い，この年にオリンピックがあったこともあり，「世界のくに」「世界のたべもの」「日本」の3つにごっこのテーマが決まった。4つの縦割りグループはくじ引きで，どのテーマを担当するかを決めた。「世界のたべもの」を担当するグループは，作りたいものごとにサブグループに分かれ，アメリカのホットドッグ屋，日本のすし屋，インドのカレーやナンの店，イタリアのピザの店，中国のラーメン屋など，世界の料理を作るごっこ遊びを工夫している。イタリアのピザの店では，子どもたちがピザを焼く釜をダンボールで作っている。もちろん，ピザ釜のイメージ作りもそれを製作していく中心的な役割は年長児たちである。しかし縦割りグループでは，この製作過程に年少児や年中児もそれなりの役割を分担して協同で作り上げている。たとえば，ピザ釜を作るのに釜の周りにレンガを貼っていく。年長児は発泡スチロールのトレイに茶色を塗り，鋏で底を切っていく。年少児は，年長児から渡されたそのレンガの裏面にのりをつける。年中児は，年長児が「ここ」「そこ」と指示する場所にレンガを貼っていく。年中児だけにまかしておくと，まだ順序だってきれいに貼ることができないためである。年中児は年長児の指示に従って貼るだけでなく，年少児がレンガにのりをつけるときには，満遍なくのりを塗りやすいようにトレイの端を押さえている……。　　　　　（2月）

ふたたび小学校の教育に目を転じてみよう。一斉授業での学びは子どもごとに個別になされるものであり，そこでの学びは具体的な課題や，現実のコミュニティや共同体とつながってはいない。したがって，このような教室での学びは子どもにとって正統的な真正の学びではなく，そこで学ばれる知識にはほとんどリアリティをもてない。そのように比較してみるとき，子どもにとってリアリティをもつ学びをいかに作り出していくかが，円滑な学びの接続にとって重要になると思われる。1980年代の後半くらいから，機能的学習環境（functional learning environment）という考え方が唱えられてきた（市川，2001）。それは，今学習していることが何の役に立つのか，どう生きて働くのかを目に見えやすい形（環境）にするということである。こういうことができるようになった，周りのこういうことが以前より分かるようになったといった実感が能動的に学ぼうとする意欲をもたらすというのである。

　西林（1994）は「相対的に知識を持った教師が，相対的に知識を持たない子どもに，その差の知識を与えるのが教育であると考える人は，教えるという行為によって多くを得ないように思われます。要は子どもと共に育つことができるかどうかだろうと思います（p. 153）」と述べ，知識というものは学習者が世界と交渉するための道具としてあり，教師の役目は自分の使い具合いの良かった知識を，どのように役立つかの実効性を示しながら学習者に推奨することであると述べる。その実効性とは，先述の機能的な学習環境に通じる。その知識をもてばどのようなことが分かり，どのようなことができるかということや，世の中での実際の使われ方などを知ることである。教師としては，この道具としての知識の質を上げることに絶えず努力することが求められ，「だからこそ，教えることが，同時に教師の学習でもあり得るのではないだろうか。教師の専門性とは，そういうことではないのだろうか」と，学び論を展開している。ここでも，やはり学びにおける実効性や学びにおけるリアリティということが唱えられており，幼児教育における学びを小学校教育へと接続していくための1つの大切なヒントを与えてくれるのではなかろうか。

5 まとめに

　幼小の接続は，その学びのあり方の違いを相互に知り合うことから始まるように思われる。その意味では，幼小の連携や交流も意味があるだろう。小学校では教科の学習という学びに移行するが，そこでも子どもにとってリアリティをもてる学びへ，排他的な個別の学びから子ども同士が協同し合う互恵的な学びへ，たんに教師が問い，子どもが答えるといった学びの関係から，教師も自らへ問い子どもと一緒に学び合っていく場へと，学びの環境を工夫していくことが求められるように思われる。それが，幼児教育での学びを小学校での学びの基礎として円滑に接続し，活かしていくことになるのではなかろうか。

　そのような小学校の学びに，学びのリアリティや協同性を取り入れようと，低学年での生活科の工夫とか，自主的な学び合いをめざした中学年からの総合学習といったカリキュラムの工夫もなされている。そして，幼小の子どもたちの学びの連携や交流と言えば，決まってこの生活科の授業がその場として使われる。しかし，それが必ずしもうまくいっているとは思われない。幼児はたんなるお客さんであるか，結局は生活科という教科の枠組みから逃れられないような実践がしばしばみられる。生活科で一緒に交流したことでお茶を濁しているとしか思えない実践も多い。たしかに幼児は小学校にでかけその雰囲気には慣れるとしても，これではなかなか本当の本質的な接続や連携にはなっていかないように思われる。

　このように考えると，小学校では教科ごとの学びのなかに，遊びを通して培われた幼児の学びや育ちをいかにつなぎ・活かしていくかが大切な課題になってくる。他方の幼稚園では，年少児から年長児に渡る共同の遊びや生活体験を通して，いかに協同して活動する力，規範への意識の育ち，ことばによるコミュニケーション力，環境への好奇心・探究心，自ら考えようとする力，自らを表現する力といった，学びや育ちの力を確かなものにしていくことが求められる。さらに保育者は，そのようなねらいの達成が，小学校での学びや生活とど

のようにつながっているのかを見通すことが求められるだろう。他方の小学校の教師も，幼稚園や保育所の子どもたちは遊びを通していかに多くのことを学んでいるかを認識し，それらが小学校に入っての学びや生活にどのようにつながっているかを見通すことが求められる。幼小の子ども同士の交流や，幼小の教師間の連携・交流が，そのような相互理解の視点からなされるとき，幼小の円滑な接続への途も拓けてくるように思われる。

4章　保育のなかの幼児理解
　　　——子どもを〈みる〉とはどういうことか

　子どもの理解について考える。子どもを理解するといっても，何をどのように理解するのであろうか。そこにはいくつかの理解の位相が考えられる。子どもの言動から，その状況における子どもの感情，思いや考え…といった心的な状態を知るといった理解がある。それだけではない。そこから，子どもの発達や育ちの水準や様態をうかがい知るといった理解もある。いくつかの位相があるとしても，その理解のためには五感を総動員して臨むことが必要なことは言うまでもない。とくに，子どもをみる，子どもの声を聴くという行為は，その内面世界を読み取る重要な手がかりとなる。保育の場においては，それが子ども理解の出発点であり原点ともなる。子ども理解とは，子どもの言動からその内面世界をしっかりみる（読み取る・汲み取る）ことにある。以降では，この〈読み取る〉をたんに視覚的にみることと区別して〈みる〉と表記して使う。

1　どのように〈みる〉のか

　それでは保育のなかで，子どもをよりよく〈みる〉ためにはどのような観点が必要となるのであろうか。以下では6つあげてみる。

線として〈みる〉

　目の前の状況だけで観察していると，子どもがなぜそのような行動をするのか，なぜそのようなことを言うのかを理解できないことがある。子どもの言動は，しばしば過去の出来事とのつながりのなかでなされる。たとえば仲間への言動は，その相手との歴史的な経緯（いきさつ）を背景としてなされる。したがって，その

ような時間軸を考慮しなければ目前に起こっている言動の意味をうまく理解できないことになる。すなわち点としてではなく，時間的な拡がりのなかで線として子どもを〈みる〉姿勢が必要になってくる。

　筆者は以前，根にもつという子どもの行動を分析したことがある（岩田, 2001a, 2005）。子どもたちのかかわりのなかで，過去の経緯を根にもつ言動がみられるようになってくる。それは，どうも年少児クラスも4歳になる頃からである。それは，先ほど〈あなた〉が貸してくれなかったから，今度は〈わたし〉も貸してあげないといった仕返し的な行動となってみられる。

　◆C児がジュニアブロックを並べてエレベーターに見立てて遊んでいる。D児が入ろうとすると，C児は「1人乗りだからだめ」と拒否する。それでもエレベーターに入ろうとするD児を阻止しようと，C児はD児の腕に噛みついた。保育者は，泣いているD児の仲間入りしたかった気持ちを受け止めて，C児の思いをもう一度伝えるとともに，C児の嫌な気持ちに共感しつつも，噛むことはいけないと注意した。お互いに「ごめんね」と謝り，いざこざはおさまったように見えた。その直後，今度はC児が大声で泣き始めた。D児がC児の作ったエレベーターを壊したからだ。D児は「だってさっき痛かったんだもん」と言いながら困った顔をして立っている…（略）。　　　　　　　　　　　　　　　　　　　　　　　　（2月）

（東京学芸大学附属幼稚園：3歳児クラス）

　年少児でみられる根は，継続してその場でみていれば理解もできる。しかし年中児，年長児となるにしたがって，その根はずっと以前の経緯に遡るようにもなる。その根がしだいに深く時間的に拡がったものになってくる。それだけ，目前で展開される行動だけをみていても，過去に遡った経緯を知らなければ，そこでの言動の意味を理解することが難しくなってくるのである。

　◆年中児のT男は他の2人の男児と一緒に戦いごっこを始める。そこにいた観察者を敵に見立てて攻撃をしかけてくる。しかし，遊びに夢中になっ

ていたT男が勢い余って砂場にある小屋の屋根に頭をぶつけてしまった。かなり痛かったのか，次の瞬間，激しく泣きだした。そこにY男がやってくるが，泣いているのをみたY男の表情はT男を心配するような様子はなく，どこかむっとした表情で「Tなんて嫌いだ！」と，T男の目をみて捨てぜりふを吐くように言う。言われたT男は，まさに泣き面に蜂であり，少し間をおきさらに激しく泣き出しY男を叩こうとする。　　　（12月）

　通りすがりのY男が，なぜ泣いているT男に「Tなんて大嫌い」と突然言ったのであろうか。この場面だけをみれば，Y男の言動は理解しがたいように思える。しかし，それまでのY男とT男の関係を知ると，その不可解な行動の意味がかいまみえてくる。いつもY男は少し乱暴なT男に主導権をにぎられ，自分が嫌であってもT男の遊びに辛抱して従わされるといった不本意な関係が続いていたという。おそらく，そのような歴史的な関係性のなかで，鬱積していたT男への感情が一見この場にそぐわない表現となったように思える。また筆者は，ある年長のA男が，自分たちの遊びグループに加わりたいと頼むB男を執拗なまでに意地悪く排除するといった場面に出くわしたことがある。どうして，A男はB男をそこまで執拗に，いじめとみえるほど排除するのか不可解にみえた。保育者にそのことを話すと，数週間前ちょうど逆に，B男がA男を遊びに入れない意地悪をした出来事があったそうである。その話を聞くと，その執拗なまでのA男の行動の意味も理解されてくる。
　線として〈みる〉というのは何も過去の経緯だけではない。その線は過去から現在に至るだけでなく，現在から未来に向かってもつながっている。そのような時間的な拡がりのなかで，子どもは「あんな風になりたい」「こうあったらいい」といった願いや期待，さらに希望をもつようになってくる。年中から年長にかけて，そのように未来の思い描く自己の実現に向かって，現在の行動を遂行するようにもなる。子どもは先を見通しながら今の行動をとれるようになってくるのである。それは，これからの遊びを計画する，先を考えて辛抱する，先の目標に向けて頑張る，ときに先のことを考えて心配や不安になるなど

の行動となっても現れてくる。そのような行動の理解には，やはり未来という時間的拡がりのなかで今の行動を捉えて〈みる〉ことが必要になる。このように，今ここの子どもの言動を過去から未来へと続く線のなかに位置づけて〈みる〉ことが理解するための１つの要点となる。

面として〈みる〉

　園での生活が子どものすべてではなく，家庭においても子どもは多くの時間を過ごす。家庭での生活が，園における子どもの言動に反映されてくることはよく経験する。お家ごっこの様子をみていると，家庭での親子や夫婦のやりとりの様子が透けてみえてくる。また家庭の不安定や親の愛情不足などが，園のなかで乱暴になる，友だちとかかわろうとしなくなる，友だちのものを盗むといった問題行動となって現われることも経験するところである。下に赤ちゃんが誕生し，母親の関心が赤ちゃんに向いてしまうだけで，それまでしっかりしていた子どもが退行的な行動をとることもよくある。家庭内での心理的な不安やストレスが，しばしば吃音症状をひどくさせるとか，チックやアトピーの症状を悪化させるといった原因にもなる。したがって保育の場で子どもを〈みる〉には，家庭での生活をも射程に入れ，子どもを面として〈みる〉といった姿勢が必要になってくる。しばしば子どもは，異なる生活の場において多面的な姿をみせる。園ではまったくおとなしい無口な子どもが，家庭では活発でよくおしゃべりをするといった話などもよく耳にする。これもまさに，子どもを面として〈みる〉ことの大切さを示すものである。

　そのように面として理解するには，どのような手立てがあるのか。たとえば園の送り迎えの際にみられる親子のやりとりの様子，送り迎えの合間に交わす保護者との会話などが，家庭における親子関係や子どもの様子をうかがい知る大切な手がかりとなる。また，お便り帳や連絡帳などのやりとりは，園での子どもの姿や成長の見通しを保護者に伝えるだけでなく，親の思いや願い，家庭での親子のかかわりや子どもの様子などをうかがい知る有用な情報源ともなる。そのような連絡帳をうまく活用すれば，「子どもの育ちの記録」「保護者の育児

記録」「保育者の保育記録」によって園と家庭での育ちの様子を伝え合い，多面的に子どもを〈みる〉ことを深め合っていく有効な手立てとなる（高杉，2009）。さらに，そこで保育者の視点から保護者の悩みや不安などをうけとめ，保護者がどのように家庭で子どもに対応していったらよいかを一緒に考えていく，といった育児支援につながる端緒ともなる。連絡帳などの交換が，保護者にとっても子どもへの理解を深め，保育者とともに子どもの成長の喜びを共有することにつながり，保護者の育児力の向上を支援していく契機になるのである。

　このように保育者がアンテナをはって，子どもの生活や育ちを面として〈みる〉ことが大切になってくる。

経験知を生かして〈みる〉

　保育者によってその経験年数は異なる。保育経験を重ねるなかで，保育の経験則といった保育知を得る機会が増える。子どもはどの年齢でどのようなことに関心・興味をもつのか，どのように振舞うのかといった知識や，このタイプの子どもにはどのようにかかわればよいのか，このような状況ではどのように対処すればよいのか…など。さらにADHDやアスペルガー障害など，発達的な問題を抱えている子どもたちをいかに〈みる〉か，いかにかかわっていけばよいのかといったカンやコツ，保育の技術を学んでもいく。もちろん，そのような〈みる〉の深まりは経験年数だけによって決まるのではなく，保育者のセンスや子どもに向き合う姿勢といった要因によっても左右されるが。

　それまでの経験則を活かして子どもを〈みる〉，それに基づいて保育をすることになる。とうぜん保育経験の年数が少ない新任の保育者は，そのような保育知をもたない。しかしながら，そのような新任の教師ではあっても，職員室で先輩の経験談を聴くなかで，経験年数の豊富な保育者から子どもの見方やかかわり方を間接的に学ぶことは可能である。また事例検討会（ケースカンファレンス）で，経験年数が多い同僚から，また検討会のコーディネーターやスーパーバイザーから自分の保育へのコメントや，〈こうすればよかったのでは〉

〈ああすればもっと違ったのでは〉といったアドバイスをもらうことによって，子どもへの〈みる〉を深めていく手がかりを得ることもできる。つぎの例は，ある園で年少児クラス担当教師が集まり，砂場遊びの状況について話し合っている検討会の様子を記録したものである。この記録から，経験年数によって子どもの遊びの見方，遊びへのかかわり方などにおいて，保育実践の視点が違ってくることをみることができる。EとFは新任教師，Gは経験年数4年，Hは12年（非常勤フリー），Iは17年（非常勤フリー），Jは9年である。

◆語り合いの内容

E教師「みんな裸足になって，砂に足うめてみたり，足あとつけてみたり，水かけたりして感触を感じて楽しんでいるのが分かりました。砂でケーキ作ってみたりし，そのケーキ売りにいくようなこともあった。お山作って，手形を押して遊んだりすることも」

I教師「私は，子どもたちが裸足になって砂や土の感触を，まず楽しんでほしいなって思っていたんです。私が裸足になるとほとんどの子が裸足になってついてきました。えーっと，（記録のノートをみて）5人ぐらいの子と，お皿とか砂場遊具を使って遊んでたんですけど，プリンカップと別の容器を用意すると，次々にケーキを作ったり，ケーキ飾りを葉っぱで作ってくる。私が，大きなパンケースがあったので，その中に入れようというと，パンケースを持って，ケーキやさんになって売りに歩く子が出てくるんですよね。売りに歩くと，他の先生たちが，食べてくれたとか年長のお姉ちゃんが買ってくれて嬉しかったーということをしきりに言って，作るよりも売るほうが嬉しくなったようなんですよね。それが，私も，何か，いいなーって思って。…（その後も，そのような子どものエピソードは続く）」

G教師「遊びは，それぞれで，女の子が数名，囲んで砂を足にかける遊び。男の子は，また，違う遊びをしていて，偶然そこにいた年長さんとかかわって遊んでたのが，また，盛り上がってました。次の日は，自分たち

から、裸足になって砂場へ。いろんな遊びの場面に分かれてやってる。私は、『どろだんごころがし』をしたんですが、始めは、子どもたちも、あまりピンとこない様子でした。でも、山を高くしたりして、『どろだんごころがし』も続きました。それと、経験したことあるのかなー、Tくんが、餅つき遊びをし始めて。いつもと違ったようすで、アーよかったとふと思いました。Fちゃんが、室内で遊んでて、外にこないんですよねえ」

H教師「私のクラスは、以前から、どろだんごづくりが盛んだから、砂場遊びでも、とくに新しい遊びっていうんじゃなくて、子どもの遊びのなかに入って、子どもが遊んでいる遊びを広げていけたらと思ってた。UとNが、どろだんごしていて、先生みてみてというように、意欲だして遊んでるので、もっとおもしろくしてあげたいなと思って、このどろだんご使って、他にもっとおもしろい遊びないか？　と、落ち葉を使ってウサギとか作ってみせる。そうすると、そばにいたSちゃんが、関心があって落ち葉集めをし始めましたけど、長続きしない…。K、M、Uが山作り。大きい山を作っていました。水をかけてかためたら？　と私が言うと、さっそく水を汲んできて、どんどん面白い形ができてきて、Mが、くじらだーと叫ぶ。Uは、帽子をかぶせようと、大きな葉っぱをもってくる。このあとどうするかな？　と思っていたら、こわさないでとKくんが、みんなに言って、ちがう遊びへ。最高に楽しそうだった。ただ、子どもがどんな遊びをしているのかなと観察しつつ、<u>子ども主体でまかせていると、ころころ遊びが変わっていくのね。いいのかなー。どうしたらよいのかなあって考えてしまう</u>」

E教師「他の先生たちの話を聞いていると、遊びを広げていくことは分かるけど、どうしていいのか分からないし…」

I教師「プリンカップなどを砂場に持っていったことは、よかった。遊んで盛り上がったあと、きれいに片付けようかって言ったら、みんな、せっせとやりだして。そんなことも大事かなー」

E教師「私は発想が乏しいから…私が，他の先生のクラスのように雰囲気を作ってあげれたらいいのに。何ができていないのか分からないし…」と，涙ぐんで言う。

H教師「むずかしいよ。<u>子どもの遊びを中心にしていくのって。反対に教師が遊びを提案していくのも，また，それがむずかしい。</u>子どもの遊びを引き付ける提案って必要？」

G教師「遊びが広がりそうで，広がらない。どこに視点を置くか分からないよね」

F教師「自分は，クラスでスタンピングをやっていたので，よく砂場に，かかわれなかった。砂場に行ったとき，型ぬきのケーキづくりが楽しそうだったので，ちがうクラスの子どもとかかわったんですけど，来週からはもっとかかわりたい」

J教師「でも，F先生，今日やってたよね。タイヤに砂入れて遊んでたよね。その話，出てくるのかと…」

F教師「うーんわからない。クラスの子が集まったりして…J先生みたいに大きくやれない」

J教師「H先生やI先生たちと論議したい。砂場遊びをずっとしている子もいるし，興味関心のない子もいる。<u>子どもの主体性もいいけど，どこかで，教師がリードしてもいいのではと私は思うけど</u>…」

（なお下線部は筆者による）

（第23回全日本私立幼稚園連合会設置者・園長研修会研究講座「1．教育」の報告資料：黒田秀樹による，2007）

　3歳児の遊びをどのように捉え，どのようにかかわるのか，さらに遊びに対する保育の課題意識など，いずれもその経験年数による違いがみてとれる。新任教師による遊びのコメントは貧困であり，砂場での遊びに言及する冒頭のE教師も，たんに遊びの種類の列挙のみに終わっている。それに比べ保育年数を経た教師は，そこで教師が子どもの遊びをいかにリードするかとか，遊びにお

いて子ども同士をつないでいく，その遊びをひろげていくといった働きかけに言及している。さらにJ，H，Gの間では，遊びにおける子どもの主体性と教師の介入の兼ね合いをどうするかといった議論になっていく。一方，新任のEやF教師は，それ以前に3歳児の遊びにどのようにかかわってよいか分からず，とくにE教師は話し合いのなかで何も語れない自分に思わず涙ぐんでしまう。

　しかし新任の教師は，このようなベテラン保育者同士のやりとりを聴くなかで，いかに3歳児の遊びを〈みる〉のか，どのようにその遊びへかかわっていけばよいのかなどを学ぶよい機会になるのである。

発達の研究や理論を枠組みとして〈みる〉

　発達心理学は，子どもの発達理解をめざしてさまざまな研究や理論化を行ってきた。保育者が，その経験によるカンやコツにだけ頼って子どもの育ちを〈みる〉のではなく，体系的・理論的に子どもの育ちを〈みる〉ための枠組みをこれらの研究や発達論は提供してくれる。そのような枠組みは，子どもの育ちを〈みる〉際の大切な手がかりにもなる。それには，それらの研究やそれに基づいた発達のすじみち論を大まかに知ることでよい。それらの枠組みを介して子どもを〈みる〉ことによって，子どもへの〈みる〉がそれまでより深まったと実感されることもある。それだけではない。保育の場で子どもをみている保育者にとっては，実際とはどうも少し違うのではないかといった実感がなされるかも知れない。したがって，発達心理学者によって描かれる子ども像が，目の前の実際の具体的な子どもとは少し違うとか，ここは一致しているとかいうように，保育者が子どもの育ちを〈みる〉ことを深めていくための参照枠として活かす手立てともなるように思われる。

　ここでは，発達心理学のテキストには必ずみられるエリクソン（Erikson）とピアジェ（Piaget）の発達論において，とくに幼児期前後の発達をどのように〈みる〉のかを概観してみよう。

I部　子どもの理解と保育

表4-1　エリクソンによる心理・社会的発達段階と発達課題
(Erikson, 1959：小此木（訳編）1973などを参照して作成)

発達段階	年齢	心理・社会的発達課題	人格的活動（徳）	重要な対人関係の範囲	
I	0〜1歳	信頼 対 不信	希望	母親および母性的人間	空腹なら授乳され、泣けばおしめをかえてもらえるといった育児者からの適切な応答の経験を通じて信頼感を獲得する。
II	2〜3歳	自律 対 恥・疑惑	意志	両親	排泄訓練を中心とする親からのしつけによって自尊心と自律性を獲得する。
III	3〜6歳	自発性 対 罪悪感	目的感	家族	言語と知的能力の発達によって外界のことがらに対して好奇心と積極性を発揮しようとする。
IV	6〜12歳	勤勉性 対 劣等感	有能感	近隣・学校内の人間	学校などでの技能や学業の達成によって社会的承認を得ようとする。
V	12〜18歳	自我同一性 対 同一性の拡散	忠誠心	仲間集団	自分の役割を認識し、服装、言葉遣い、思想、宗教などによって自分の個性を表現し、自我の同一性を自覚する。
VI	20歳代	親密性 対 孤立	愛情	友情における相手、異性、競争・協力の相手	獲得した自我同一性を根拠として、異性に対する自己呈示をし、異性と人間関係をもつ能力を獲得する。
VII	20歳代末〜	生殖性(世代性) 対 停滞性	世話（はぐくみ）	分業と協同の家庭	性的喜びを見出した異性同士は、家庭を築き、子どもを生み育てていこうとする。
VIII	50歳代以上	統合性 対 絶望	知恵	「人類」「わが種族」	自身の人生をふりかえり、それを肯定すること（統合）を獲得する。

(1) エリクソン (Erikson) の発達論から

　エリクソンは生涯発達を視野に入れた8つの発達段階を提唱している（表4-1）。自立的な自己が漸次的に形成されていくそれぞれの発達段階には、その時期に特有な課題があり、その発達課題を達成できるかどうかという発達の危機を抱えている。その時期の発達課題を解決すると、そこで得られた自我の強さ (virtue) に支えられて、次の段階で出会う発達課題における危機にうまく対処していくことができるという。それでは幼児期前後はどのような時期なのであろうか。ここでは現場の教師向けに解説した榎本 (2006) を参考にしな

がら述べてみる。

　まず乳児期が最初の段階としてある。この時期の赤ん坊が外界とやりとりする様態は口を通してである。オッパイを吸うという授乳行為に代表されるように，赤ん坊は何でも口に取り込むことによって外界とかかわる。この時期，養育者が赤ちゃんの欲求に感受的・応答的に対応すると，子どもは自分の欲求に応える周りの世界を信頼することができる。さらに，そのような応答を引き出すことができる自己にも信頼の感覚をもつ。それが基本的な信頼感であり，周りの世界に対してそのようなポジティブな感覚が優位になるとき，〈希望〉という自我の強さが心に宿ることになる。そうではなく，周りの世界に対してネガティブな感覚が優位になるときには，不信感を身につけてしまう。すなわち，この時期にはいずれかの感覚を身につけてしまう分岐点としての発達的な危機がある。そこで基本的な信頼感を形成し，心に〈希望〉という強さをもった子どもともてなかった子どもでは，その先に遭遇する発達危機へ対処する力が違ってくるのである。この基本的な信頼感は，以降の自己形成の土台をなすものとして重要な意味をもつ。

　つぎの早期幼児期には親のしつけが始まる。とくに排泄訓練（トイレットトレーニング）が大切なしつけとして課せられる。それは外的なコントロールによるが，子どもは何とかそれを取り入れて排泄を自分でコントロールしていくことを学ばねばならない。適度・適切なしつけによって，それを自己の内的なコントロールへとうまく転化できたとき，そこで自己は自律性の感覚を優位にもつことができる。しかし，しつけが自己のコントロール力を超えて厳しすぎるとか，あまりにしつけが早すぎると，子どもは親の期待に反してうまくコントロールできない自己へ無力感や敗北感をもってしまう。そこで獲得されるのが恥の感覚であり，自己への疑惑である。したがって，この期には自律性の感覚が優位になるか，恥や疑惑といった自己の感覚が優位になるのかといった危機を体験する。もし自律性の感覚をもつことができれば，そこで〈意志〉という自我力の強さを宿すことができ，この自律性の感覚は後の自己の自立への基礎的な部分を担うことになる。

さらに幼児期後期（遊戯期）に入ると，子どもはエネルギーの勢いに任せて，好奇心旺盛で自由に動き回るようになる。子どもの世界はどんどん広がっていき，子どもが自信をつけていく時期である。その意味では，周りの世界への侵入的な活動様態がこの期の特徴でもある。しかし，子どもは必ずしもときどきの状況に相応しい行動がとれるわけではない。勝手に動きすぎて危ない目にあったりすることも多いし，侵入的であるがゆえに養育者から禁止・阻止されたり叱られたりすることもある。そこで，このような子どもの行動への制止や罰が行き過ぎると，せっかくの自主性・積極性の芽がつまれてしまう。そして失敗を恐れ，消極的で防衛的な構えをもつようになり，叱られるのではないかという不安が頭をよぎったり，罪悪感に脅かされたりして消極的な構えが身についてしまう。自己への罪悪感といったネガティブな感覚が優位になってしまうのである。この期の発達危機は，自発性の感覚が優位になるか，それとも罪悪感というネガティブな感覚が優位になってしまうのかである。自発性の感覚が優位になると，子どもは〈目的感〉という自我の強さを心に宿すことになる。この自我の強さによって，子どもはその場かぎりの行動だけでなく，心のなかに先の目標や計画をもてるようになってくる。「つぎは何をしようか」「どんな人になろうか」といった，自己の目的性が生まれてくるのである。これも，後の自己の自立への歩みにとって大切な推進力となっていく。

　さらに，幼児期に続く児童期にも言及しておこう。児童期は，学校においてさまざまな知識や技能を身につける時期である。それまで知らないことが分かったり，できなかったことができたりと，自分がより大きなものに成長しているといった感じや，何かができるようになっていくといった自己の感覚をもつ機会になる。授業場面以外でも，各種の委員や当番などの役割を担うなかで，自分は何かの役に立てるといった自己の感覚が促される。さらに，よい成績をとるとか，自分の活動がクラスメートから認められたりすると，「自分はやればできるんだ」という有能感や自信を身につけることになる。そのようにして獲得されるのが勤勉性の感覚である。勤勉に役割を果たすことができ，自分は学校で求められる課題を有能にこなすことができるという自信は，さらに積極

的な行動に導くことになる。しかし反対に，それらの課題をうまくこなせなかったり，役割をまっとうできなかったり，周囲の要求や期待にうまく応えられなかったりすると，自己の不全感や劣等感といったネガティブな自己の感覚が優位となってしまう。子どもが勤勉性の感覚を身につけると〈有能感〉という自我の強さを宿し，自分は有能であり，この社会でもやっていけるだけの的確さを備えているという確信がもてるようになる。これは，自分を社会につなげる自信を与えるという形で後の自立を促す力の基盤になっていく。

（2）ピアジェ（Piaget）の発達論から

ピアジェは，子どもはよりよき適応を目指して外界に働きかけるといった認識発達の考え方をとる。その発達のメカニズムは，同化（assimilation）と調節（accomodation）という生物学的な概念によって説明される。まだことばをもたない乳児は，手持ちの感覚運動的な行為シェマ（図式）によって外界へ働きかけていく。行為シェマとは，1つのまとまりをもち反復可能な活動の単位であり，それらは外界を取り込む（理解する）枠組みとして働く。たとえば，つかむ，吸うといった行為シェマによって，外界をつかめるもの，吸えるものといった形で感覚運動的に認識していく。これは行為シェマによる外界の同化である。しかしながら，それまで通りのつかみ方ではうまくいかないことが起こってくる。そのときには，その対象に応じて手の握り方を変えなくてはならない。それまでの行為シェマを調節していかなければならないのである。既存のシェマのなかに対象を同化し，それでうまく現実が捉えられなくなったとき，シェマを現実の方に適合するように修正していくのである。この同化・調節という機能は感覚運動的な行為シェマだけに働くのではない。たとえば，幼児が「くじらも魚である」と考えているとしよう。それは幼児がもつ魚のイメージ（概念的な表象シェマ）に基づいている。海におり，魚らしい外形のイメージに同化して「くじらも魚である」と判断するのである。しかし学校で「くじらは魚ではない」と教えられ，その生物学的な説明がなされる。そこで，くじらを魚というカテゴリーに同化していた子どもは，それまでの魚概念の調節を強いられることになるのである。この調節によって，より科学的な概念を獲得し

I部 子どもの理解と保育

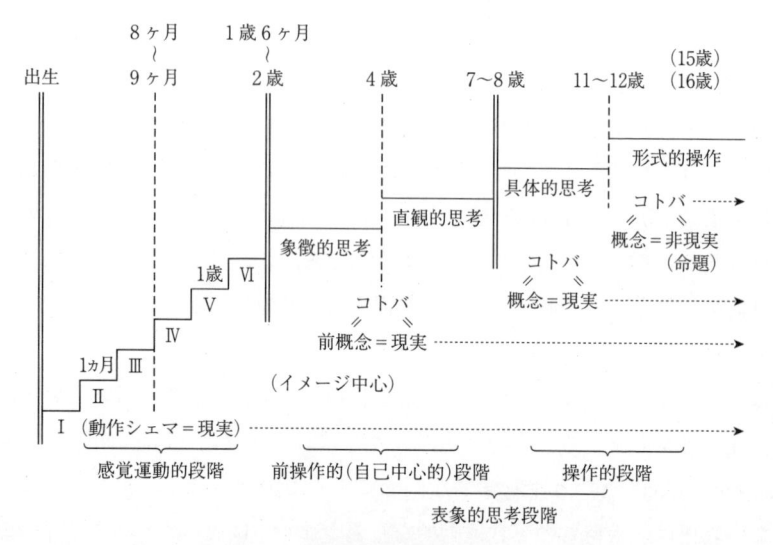

図4-1 ピアジェの認知発達の段階（岡本，1986を改変）

ていくことになるのである。このような同化と調節によって，認識の枠組みが外界へよりよく適応していき，豊かになっていく。それが認識の発達であるとピアジェは考える。そして，同化と調節という機能は連続的だが，それによる認識の発達は質的に異なる不連続な発達段階として出現するという。ピアジェの発達段階をまとめた図4-1（岡本，1986）を参照しながら幼児期前後の認識の育ちをみてみよう。

　感覚運動的段階：最初は，感覚運動的な動作（行為シェマ）によって現実へ適応していく段階である。先述したように，この段階では行為シェマによって外界を認識していく。シェマの同化と調節を繰り返すなかで，外界にかかわる行為シェマは多様化し，さらにシェマ同士が目的—手段といった構造に協応化し，さらに元の行為文脈から離れてシェマは可動化したものになってくる。感覚運動的な適応において，同化と調節のバランスがとれた均衡化へと向かう頃になると，感覚運動的な行為シェマを実際に対象に適用してみるのではなく，それを頭のなかですることができるようになってくる。ピアジェは，そのよう

4章　保育のなかの幼児理解

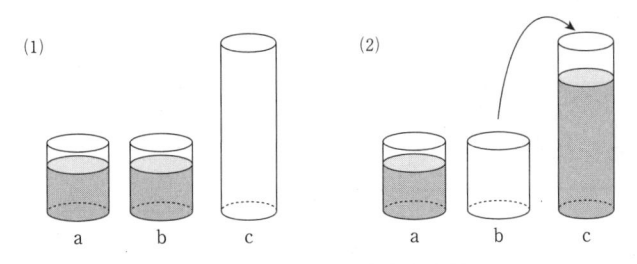

図4-2　液体の量の保存の問題

に心内化された行為がイメージであるという。それは目の前にないものを頭のなかで思い描くといったイメージ（表象）をもたらすことになる。それが，感覚運動的な思考からつぎの表象的な思考段階への移行をもたらす。

前操作的（自己中心的）段階：イメージが発生すると，新たにそのようなイメージに基づいて外界を認識するようになる。表象的な思考の始まりである。目の前にないものを思い描く，何かをそのイメージに見立てるといった活動が盛んになってくる。それは，積木を電車や自動車に見立てて遊ぶといった象徴的な機能（symbolic function）に基づく表象的な活動である。ピアジェは，"ワンワン"という音声で犬を代表させることば記号の獲得もそれによって可能になるという。前操作期の下位段階である象徴的思考は，まさに個別の表象イメージがまとまりなく頭のなかにあり，いろいろなものをいろいろなものに自由に見立てるといった表象的な思考の時期である。

しかし，ちょうど幼児期にあたるつぎの直観的思考の時期には，それまでバラバラにあったイメージが概念的なカテゴリーとしてまとまりをもち体系化されてくるようになる。しかしながら前操作的段階と名づけられるように，そのようなカテゴリー間の関係をまだ論理数学的（操作的）に考えることが難しく，直観的な思考の段階にとどまる。子どもは視覚的な目立ちやすさだけに注意がゆき（中心化され），それに基づいてものごとの関係を直観的に判断してしまう。

2つの同一の容器に同じ量だけ水を入れる。子どもには同じ量だけ水が入っていることを確かめさせた後，一方の容器の水をより細い容器に移してみせる。そのあと，この容器の水と他方の容器に入った水の量が同じだけあるかどうか

を質問する(図4-2)。すると幼児では,水面の高さだけから水面の高い容器の方により多くの水が入っていると直観的に量の多少を判断してしまうのである。われわれなら,水面の高さと容器の幅の広さといった2つの次元を相補的に考えるとか,こっちからあっちへ移しただけだからとか,もとへ戻せば同じだからといった逆の心的操作(可逆的な思考)に基づいて量の不変性を判断することができる。また,幼児が1つの面だけに中心化して考える特徴は空間的な認識にもみられる。3つの山問題という課題がある(図4-3)。

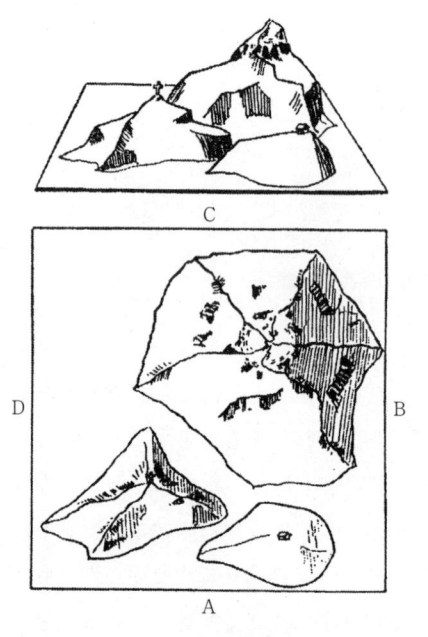

図4-3 3つの山問題
(Piaget & Inhelder, 1956)

中央にはミニチュアの3つの山が配置されている。その光景をはさみ,こちら側は子ども,その反対には他者が座っている。子どもには向かいの他者には山がどのようにみえているかがたずねられる。具体的には,他者にみえている景色をミニチュアで再構成する,いろいろな地点から撮られた写真から選択するといった課題が与えられる。その結果,幼児では自他の視点が未分化であり,他者も自分と同じようにみえていると自己からのみえに中心化してしまう。この中心化は,とくに自己中心性(egocentrism)とよばれる。

この期に論理的な操作が難しいことは,類(class)や系列(seriation)操作にもみられる。わずかに長さが異なる3本の棒があるとしよう。子どもがAとBの棒を比べて,A>Bという関係があることを知る。つぎに,BとCの間にはB>Cという関係があることを知る。それから,子どもは直接には比べたことがないAとCの棒で,どちらが長い(短い)かが問われる。すると子どもは直

観的にしか答えることができないのである。A＞B，B＞Cという関係から，系列の加法操作によってA＞B＞Cという関係を推論し，AとCの間にはA＞Cという関係があることを論理的に導くことができないのである。したがってビネーの知能検査項目にある，重さが少しずつ異なる（大きさは同じ）5つの立方体を重い順に並ばせるといった系列化の課題もまだ難しいのである。

　イメージとイメージが関係づけられ，それらがクラス（類）として階層化されてはくる。しかしながら，まだクラス間における部分と全体の関係を論理的に考えることが難しい。赤いバラが6本，白いバラが4本あったとしよう。幼児でも，白いバラはバラの一種であり，赤いバラもバラの一種であり，白も赤もバラであることは理解できる。われわれなら，A（バラ）＝B（白いバラ）＋C（赤いバラ）というクラスの加法操作から，全体集合（A）はBやCといった部分集合より大きいと考える。そのようなクラスの加法操作の理解が十分でない幼児は，「バラと赤いバラはどちらが多いか」といった質問自体に混乱してしまう。バラと赤いバラという全体と部分集合の比較が求められているのに，白いバラという部分集合と比べて「赤いバラ」と答えてしまう。全体から部分，部分から全体へと可逆的に考えることが難しく，その意味において全体と部分のクラスの関係理解はまだ直観的なままなのである。

　具体的操作（具体的思考）期：論理数学的な操作が可能になってくるのが，ほぼ児童期にあたる具体的操作期である。具体的操作期では，2つの次元を組み合わせて考えるとか，可逆的な思考も可能になってくる。水量の保存も可能になり，少し遅れて体積，重さといった領域での保存概念も順次的に獲得されてくる。また，3つの山問題でみられたような自己中心性から脱却し，他者の視点からのみえ方を表象することもできるようになる。現実の具体的なことがらにそのような論理的操作を駆使して論理的に考えることができるようになってくるのである。

　以上のような発達論は，保育の場における子どもを〈みる〉ための枠組みとして役立てることができる。そのためには，発達の考えをやさしく述べた新書やテキストを目にする，発達に関する講演会を聞く，研究会に参加して学ぶと

いった，さまざまな機会を利用することが必要であろう。子どもと触れ合うことを通してだけでなく，さまざまな機会を利用してそのような発達論を知ることは，子どもの育ちや発達の状態をよりよく〈みる〉ことへとつながっていく手立てとなるのではなかろうか。

共感して〈みる〉

　子どもの目線に立つ，子どもの立場に立ってみるといったことの大切さはしばしば言われてきた。それらは，共感的に子どもを〈みる〉ことを説いたものである。このような状況や場面で"もし自分が同じような立場だったら，何を感じるか，どのような心情になるか，どのように行動するだろうか，どんなかかわりを望むだろうか…"などと，子どもの身になってアレやコレやと共感的に想像して〈みる〉ことである。それによって，ときにそれまで理解し難いようにみえた子どもの言動の意味が分かってくる。子どもだってわれわれと同じように感じ，悩み，傷つく。他者から認められ，ほめられれば嬉しいし，不安や心配事があれば落ち着いて行動できない，欲求不満になればイライラする。もちろん，その不安や心配事，ストレスの原因となることがらはわれわれとは同じではないし，またその折の表出の仕方も違うとしても。

　先入見でもって子どもをみることの対極に，子どもの身になって共感的に想像たくましく〈みる〉という態度や姿勢がある。それは，子どもの内面世界を理解するために保育者へ求められる要件である。

　津守（1987）は「最近入園したS子は，まだ母親から離れない。母親が部屋に座っていれば，庭から室内へと歩きまわっている。水で遊ぶ子ども，砂場にいる子ども，水の流れにいる子どもなどのところに，ちょっと寄ってはじきに立ち去る。母親は言う。『この子は，いつも落ち着きがないんです。家でも，父親が新聞を読んでいるとちょっとそこにいって新聞をとり上げ，上の子が漫画をみているとそこにゆき，私が新聞をよんでいるとちょっときてすぐいってしまうんです』そこで私は，『この人は落ち着きがないのでしょうか』と問い返した。S子は，砂場にいる子どものところにいって立ち止まり，水と遊んで

いる子どものところに立ち寄り，それから私共のところにきて，じきに立ち去る。しかし，よく見ていると，そこにいる人に視線を少しとどめてから次に移っている (p. 128-129)」と，いったエピソードをあげている。そこで彼は，この子どもの行動をたんに，"落ち着きない子"と概念的なレッテルをはってみるだけに終わっていいのだろうかと自問する。そこで，「パーティのときのように，まわりに多勢の人がいても，関心をもって話しかける人のいないとき，私はあちこち動き回る… (p. 130)」ではないかと，自分の内的世界の想像をめぐらせる。同じようにＳ子の立場からみれば，（Ｓ子をみている自分も含めて）周りの誰もＳ子の生活に一緒に参与していないではないかと。すると，この子の落ち着かない行動は，皆のなかにいながら誰にもかまわれない孤独のあらわれと受けとれないだろうか…と，自分の内的世界に重ね合わせながら行動の意味を理解していく。

　そのような共感的な了解のもとに，母親には子どもの行動をしっかり受けとめ，子どもと関心を分かち合い，子どもと存在感をともにするようなアドバイスをする。そのようなかかわり方によって，しだいに落ち着きなさはなくなり，母親とＳ子の関係も明るく開けたものになってきたという。子どもの表現が未熟であればこそ，なおさら保育者はこのような共感的な想像力を働かせて子どもを〈みる〉ことが大切になってくる。もし，その想像をめぐらした共感的理解が的外れであれば，それは保育者への子どもからのフィードバックによって知ることができるだろう。そのときには，またコレかアレかと想像たくましく子どもを〈みる〉姿勢が大切になるのである。

　ひたすら保育室の窓や扉を開閉して過ごす，1日の大半を手の間からこぼれる砂のようすをみて過ごすといった自閉傾向のある子どもたちには，多くの保育者がとまどい「共に過ごしている」という実感をもつことができない。宇田川 (2007) は，それらの子どもが抱く世界の理解には，子どものみているものを「共に」みてそれを共に楽しみ味わう，子どもの行為をまねて「共に」するといった，子どもの身に「なってみる」共感が有効であり，それは子どもとの関係性を築いていく上でも大きな手がかりになるという。

よくみえる位置に立って〈みる〉

　文字通りに保育者は、子どもを物理的によくみえる位置（視点）にいてみるということも重要である。保育者は、子どもたちのなかでどのような位置に立つかということはとても大切である。その位置取り（立ち位置）が悪いため、多くの子どもたちの行動や声がみえてこない、聞こえてこないといった保育をしばしば目にすることができる。そのため、せっかく子どもが話しかけているのに気づかないままでやり過ごしたり、子ども同士のやりとりの様子がみえないままにトンチンカンないざこざの仲裁をしたり、子どもへの的外れなコメントをしてしまうことにもなる。これでは子どもをしっかり〈みる〉ことができず、ひいては子どもへの適切な働きかけやことばかけをする機会を逸してしまうことにもなるのである（岩田, 2005）。

　以上のような子どもを〈みる〉ための6つの要点をあげたが、もちろんそれらは独立したものではない。それぞれが相互に関連し合いながら、保育者が子どもをよりよく〈みる〉ためのスキルを構成していくように思われる。

2　保育者が子どもを〈みる〉とは

　モノを「みる」という行為であっても、それは思うほど単純なことではない。図地の反転図形や多義図形を例にとっても、同じ図形がみる人の観点によって、まったく違ったものにみえてくる（図4-4）。われわれの日常でも、恐怖心が夕闇の枯れ尾花をおばけにみさせる。すなわち、関心・欲求・動機・情動といったみる人の主観的な要因によっていかにみえるかが左右されてしまうのである。このようなモノを「みる」ことに影響する主体の要因に着目したのがニュールック心理学[1]であった。

　このようにモノの意味を「みる」ことは、みる人の主観によって影響される。ましてや、人が人を〈みる〉ことはさらに複雑な行為となってくる。人が人をみるとき、モノの場合とは違い、みられる人もまた感情・動機・欲求・関心・

4章 保育のなかの幼児理解

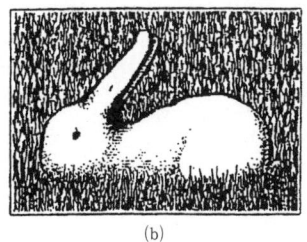

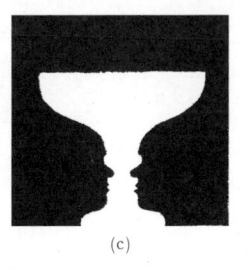

図4-4 多義図形と反転図形（岩田，2002より）
(a) 若妻とその母（Boring, Langfeld & Weld）
(b) うさぎとあひる（Jastrow）
(c) 横顔と盃（Rubin）

興味…といった主観をもった存在なのである。みられる人も，〈みる〉人をまた〈みる〉主体である。保育の場は，そのような保育者と子どもの相互主体的なやりとり関係によって成り立っている。そのような相互主体的な関係性のなかでの「みる」という行為には，そこに相手の主観を〈みる〉ことが必要になってくる。子どもがどんなことを考えたり，感じたり，思ったりしているかと，その心の状態（内的世界）を読み取る，汲み取ることが求められるのである。とくに表現が十分ではない幼児期においては，なおさらそのような読み取り行為が保育には大切になってくる。

〈みる〉が〈する〉に

そのような保育者の〈みる〉は，それが子どもへの保育的なかかわり方につ

（1） 下層階級の子どもは，中流階層の子どもたちよりコインの大きさを過大に見積もるといった知覚研究などがなされている。また（フロイト理論の影響もあるが）瞬間刺激提示装置を使って，どれくらいの時間をみせると提示語が何であるかを識別できるかどうかをみる閾値知覚の研究もそうである。一般的にタブー語や情動的に不快なネガティブ語は，そうでない中性的な語よりも語の認知により長い提示時間を要する。みたくないと無意識に思っている語では認知閾値が高くなるのである。いずれも主観的な要因が視知覚を左右することを示している。

ながってくる。それを〈する〉と名づけておく。筆者は京都府私立幼稚園連盟のプロジェクト研究会のアドバイザーをしていたが、そこで、ある年中女児のつぎのようなエピソードを耳にした。

　◆子どもたちは登園後、制服を遊び着に着替える。しかし、着替えの際、ブラウスのボタンの留めはずしがなかなかうまくできず、時間がかかってしまうA子がいた。そして、いつも「できない」「やって」と保育者や近くにいる仲間に頼るといった毎日であった。そこで保育者は、「はやくできる魔法をかけてあげる」と呪文をかけることにした。すると、その呪文にやる気をだしてじぶんで頑張ってするようになり、またできるようにもなってきた。その後、毎日、保育者に魔法をかけてもらいながらしていた。そんなことが続いたある日、A子が「魔法かけんでもできるで」と保育者の魔法なしでさっさとできるようになった。　　　　　　　（5月）

　保育者はしばしばこのような魔法のことばを利用する。しかし、保育者がことばで魔法をかけるには、そのタイミングが重要である。この事例の保育者は、この子どもの育ちの頃合を見計らって魔法の呪文をかけたのである。すなわち、子どもが頑張れば1人でやれそうな状態かどうかの見計らいである。そのときにこそ、保育者の魔法は子どもの自立をもたらす本当の魔法となるのである。さもなければ、せっかくの魔法のことばも効き目はない。そのように保育者の適時な魔法のことばが、やがて魔法のことばなしにできるようになる育ちを支えていくのである。ヴィゴツキー（Vygotsky）流に言うと、魔法のことばかけによって、まさに保育者は発達の最近接領域に働きかけているのである。その意味において保育者は、その子どもに魔法をかけるのにふさわしいとき、すなわち時熟をしっかり〈みる〉力や、そこに適切に働きかけていく保育の技がもとめられる。

　このような適切な見定めこそ、その育ちや発達の状態にもっとも相応しいかかわり方、すなわち〈する〉を可能にし、それによって「この子」「あの子」の育ちを支援・生成していけることになるのである。そのためにも、子どもの

育ちや状態をしっかり〈みる（見積もる，見計る，見定める）〉力が保育をするために必要となるのではなかろうか。

3　まなざして〈みる〉

　相互主観的なやりとりにおける〈みる〉とは，相手の身振り，表情，ことば，さらにそのイントネーションなどから，その内的状態を共感的に読み取ることである。他方ではモノをみるときと同様に，みる人はある主観のもとに相手をみている。まなざしを向ける（まなざす）といった表現がなされるが，それは，みる人が対象に抱く主観のことである。とくに保育の場では，このまなざしが重要な意味をもってくるのである。相互主観的なやりとりにおいては，みられる人はみる人の主観を感受しそれに応答する主体でもあるからである。

　子どもへ向ける保育者の主観（まなざし）とは，「この子は期待できる，あの子は乱暴である，神経質である…」といったものであり，それは，その子どもへ向き合う保育者の表情，ことばや身振りといった形で表出される。保育者は，そのような主観的な枠組みに基づいて子どもの言動の意味を読み取り・汲み取る，それに基づいて保育を〈する〉ことになる。したがって，同じ言動であっても子どもへのまなざし方によってその意味づけ方はまったく変わってくる。たとえば神経質な子どもとまなざしていると，その子の日常の行動がすべて神経質なものとしてみえてしまうことにもなる。そして，〈みる〉の違いが，（意識的・無意識的に）保育的な実践としての〈する〉を違えていくのである。子どもは，そのような保育者の〈みる〉〈する〉から敏感に自分への保育者のまなざしを読み取っていくのである。

鏡となる保育者のまなざし
　保育者のまなざしには，その子，あの子への思い・感情・評価といった主観が交錯してある。ところで，人は自分を自身では知るすべがない。周りの他者からいかにまなざされているかを通してしか自分というもの知るすべがないの

である。その意味で，人は他者のまなざしという鏡を通して自己像や自己概念を立ち上げなければならないのである。そう考えると，とくに自己形成の初期である乳幼児期において，保育者の子どもへのまなざしが鏡として大きな役割を果たすように思われる。子どもは，保育者が自分をまなざすように，それにならって自身をまなざそうとするのである。保育者のまなざしを鏡として，そのまなざしに沿うように自己を形作っていくのである。したがって，子どもにとって重要な他者（親や保育者）から向けられるまなざしは，子どもの自己を形づくっていくのに重要な鏡となるのである。

　そのことは，ローゼンソール（Rosenthal）とヤコブソン（Jacobson）によるピグマリオン効果に関する古典的な研究（Rosenthal & Jacobson, 1968）にもうかがえる。年度末に能力開花テスト（将来伸びる子どもをみつけだすテスト）と称して偽のテスト（じつは一般知能テスト）を行う。そして新学期が始まる直前に新1年生から6年生までの担任には，能力開花テストで好成績であった児童の名前が教えられる。じつは，これらの児童（実験群）はテスト結果とは無関係に各学級からランダムに抽出された20％の子どもである。統制群としては，それ以外の残りの児童があてられた。それから6ヶ月後に，ふたたび先の知能テストが行われ，学業成績が両群で比較された。最初には実験群と統制群の間には違いがみられなかったのが，年度の終わりには，将来に伸びる可能性があると知らされた子どもたち（実験群）はそうでない統制群の子どもたちより知能指数でも学業成績においても本当に伸び，さらに知的好奇心も実験群が統制群よりも高いと評定されたのである。とくに，子どもの可能性が教師にはより未知数である小学校1，2年生においてこの効果が顕著にみられたことは興味深い。その後の研究によって，この子どもは伸びるという教師の期待が，子どもへのかかわり方に無意識のうちに反映されることを明らかにしている。教師は期待する生徒の発言に対してはより前かがみの姿勢になり，あいづち，ほほえみ，目をみつめることも統制群より多いとか，生徒の解答を待つ時間，子どもへの要求水準，批判や賞賛の量，注目度，指名の頻度などにも差異がみられる。子どもはそのような教師のかかわり方から，自分に向けられた期待のまな

ざしを感じ取り，その期待に応えようと頑張る。その行動をみて教師はさらに期待をもってまなざす，子どもは期待される自分に自信をもってさらに頑張るといった，よき循環が生まれる。そのようにして，教師の期待するまなざしが知能や学業成績をほんとうに伸ばしたのである。たとえ誤った信念であっても，それを信じて行動することによって本当になってしまうのである。

このように子どもは保育者の〈みる〉〈する〉から自分へのまなざしを感じ取る。そして，そのまなざしに沿うように自分を塑形していく。まだ自己形成の途上にある子どもには，親や保育者のまなざし方が自己の形成にとってとくに大きな影響力をもつように思われる。したがって，まなざし方が変われば子どもへのかかわり方も変わる，子どもへのかかわり方が変われば子どもの育ちも変わるということにもなるのである。既述した津守の事例もまさにそのことを語っている。最初は，落ち着きのない子としてレッテルを貼られていたＳ子への見方が変わることによって周りの対応が変わり，それによってＳ子の行動も変わっていくといった関係変化の経過がうかがえた。

あるエピソード（大場，1987）をみてみよう。それまでは，いるかいないか分からないような存在感の薄い子どもが，ある頃を境として急に何でも自分でしようと出しゃばる，何にでも状況お構いなしに口をはさむようになってきた。その結果，以前にはなかったような仲間とのトラブルは起こす，一斉保育には支障をきたすと，保育者にとって以前よりも扱いにくい子どもとなった。このような行動の出現をどのようにまなざすのかが問題になる。このような行動の出現を困った我が儘と〈みる〉のか，そうではなく，この子なりの自発的な要求貫徹への強い意欲の出現と〈みる〉か。前者の保育者は，おそらくそのような行動の出現を好ましくない行動として抑制するだろう。後者の保育者は，この子なりの自発性の育ちを何とか集団のなかでも認められるような形で伸ばしていこうとするだろう。ある子どもを神経質と〈みる〉か，繊細であると〈みる〉のか，また活動的と〈みる〉か，落ち着きがないと〈みる〉のかも同じである。このようなまなざし方の違いが，子どもの言動の見方やかかわり方に，ひいてはそれが育ち方に大きな違いを生み出すことは想像に難くない（岩田，

1994a）。

　いかに子どもをまなざすかは，個々の子どもに対してだけではない。子どもの発達や保育観といった一般的なまなざしもそうである。子どもとは，保育者が懇切に教え指示するまでは何もできないとまなざすか，子どもは元来的に主体性や自主性をもっているとまなざすかでは，日頃の子どもたちの言動への〈みる〉が違ってくるし，その結果として子どもたちへの〈する〉が違ってくる。前者では，いつまでも保育者が懇切丁寧に指示してやらせる保育になる。その結果，（保育者のまなざし通り）いつまでたっても子どもは保育者の指示がなくては動けない・動かないことになる。後者では，子どもたちの主体性や能動性を尊重しそれを援助するような保育によって，子どもたちの自発性や主体性が引き出されていくことになる。このように，子どもの本性や能力をいかにまなざすかといったことが，子どもたちへの〈みる〉や保育の方法や展開，さらには設定される保育環境をまったく違ったものにさせるだろう。それが，結果として子どもの育ちの違いとして現れてくる。

　このように保育者のまなざし方が，子どもの自己の育ちやその内面世界の形成に大きな影響を与えていることを保育者は自覚する必要があるように思われる。

鑑（かがみ）となる保育者のまなざし

　保育者のまなざしはもう1つの働きをしている。それは子どもにとっての鑑となることである。鑑とは図鑑の鑑であり，モデルとか手本といった意味である。それには2つの鑑が考えられる。1つは，保育者が周りの物や事に向けるまなざしである。たとえば保育者が何かに関心や興味を示すと，子どももそれにならって同じように関心や興味を向けるといった鑑である。保育者と同じようなまなざしを物や事に向けるのである。そして同じようにかかわる。卑近な例をあげると，母親がゴキブリを怖がると子どもも同じように怖がるようになる。したがって，保育者のまなざしは，周りの物事への子どもの興味・関心・感情といったもののあり方を形作っていく。もう1つの鑑は，他児に向け

られたまなざしである。保育者が，ある他児をいかにまなざして〈みる〉か，どのようなかかわりを〈する〉のかを鑑として，自分も同じようにその他児をまなざして〈みる〉，そしてかかわろうとするのである。ときに保育者の気持ちを代弁するかのようにその他児へかかわるといったこともみられる。

　つぎの刑部（1998）のエピソードは「対人認知能力に乏しく，コミュニケーション能力も不十分で，社会性も未発達であり，自己中心的である」と，保育者にとってちょっと気になる年中児K男のケースからである。このエピソードは，保育者のK男へ向けるまなざしをよく示している。他の子どもはおやつを食べ終わり園庭で遊んでいるのに，K男だけがいつものようにまだテラスで食べている。

◆エピソード１

　状況：午睡後のおやつの時間。Kは目覚めが悪く，席につくのが遅れます。そのため他の子どもたちは全員おやつを食べ終わってしまい，Kは１人きりでテラスで食べています。他の子どもたちは園庭で遊んでいます。
　（F保母がKの正面に座って言う）
　F保母「Kくん，食べれるこれ？　ねえ」
　K「…」
　F保母「ねえ，大丈夫なの？」
　K「……」（Kは小さくうなずくが，保母の顔を見ずに横を向く）
　F保母「もうちょっと，もうちょっと頑張って食べてくれる？」
　K「……」（横を向いたままである）
　F保母「もう，給食の先生，食器洗いたいって言ってるから」
　K「……」（再びうなずくが横を向いたままである）
　F保母「口をもぐもぐ動かして，頑張って食べて，ね」
　K「……」（Kは下を向いたまま軽くうなずくが，横を向く）
　F保母があきらめてそこを立ち去ると，KはF保母が去った方向にあごをあげて遠くを見るようにして見た後で，両手でテーブルの上をばたばた

とたたき，テーブルの下で足をばたばたさせる。　　　　　　（5月）

　保育者がことばをかけると，K男はうなずくものの横を向いている。そんななかで「もう，給食の先生，食器洗いたいって言ってるから」と，しだいに保育者のいらいらしたホンネの気持ちが知らず知らずにことばの調子に現れてくる。このようなかかわりから，保育者のホンネ（Kへのまなざし）がK男に敏感に察知されるだけではない。つぎのエピソードにみられるように，そのやりとりを見ている周囲の園児にも伝わるのである。

◆エピソード2
　状況：エピソード1の場面を少し離れた登り棒のところにいた2人の園児D,Sがそれとなく見ていました。保育者が去った後，2人は明らかにKに向けて聞こえよがしの会話をします。
　園児S「Kだけだよ（食べてないのは）」
　K「……」（その子どものことを見ている）
　園児S「K，遅いなあ」
　K「……」（Kはうなずく）
　園児S，D「K，遅いな」
　K「……」　　　　　　　　　　　　　　　　　　　　　　（5月）

　保育者がその場を去った後に「またKだけだよ，遅いなあ」と，保育者のホンネを察し，それを代弁するかのようにK男に声をかけている。まさに，自分たちも保育者と同じようにK男をまなざし，かかわろうとするのである。それが結果的に，K男をますます集団の周辺へと追いやっていく。K男への保育者のまなざしが，意図しないうちに子どもたち同士の関係を作り出していくのである。
　さて10月に入ると，集団内の構造に1つの変化が生じてくる。そのきっかけは4月入園児であった。この新入園児にとって，すでに形成されているクラスの仲良しグループのなかにスムースに入っていくことは難しい。しかし，クラ

スの周辺にいるK男はクラスのなかに入っていく端緒として頼るべき存在となる。K男は4月入園児の新参者H男とN男にとってのリーダー的存在となったのである。その変化が，クラス内におけるK男の位置づけをしだいに変えていく。その様子をみていた仲間はK男への見方を変え始め，無視できない存在としてK男を見直していく。おそらくK男もそのような仲間のまなざし方の変化を感じ，K男自身も自信を持ち始め，それが表情や態度にも表れてきたことが推測される。そのような変化は保育者にも感じられたのではなかろうか。くしくも10月の同じ頃に開かれたケースカンファレンスで，それまでとは違ったK男へのかかわり方が提案されたのである。一見，いろいろな保育場面でなされる子どもへの促しも，それはK男にとっては圧力となり自分らしさをうまく発揮できないのではないかと省みられる。その結果，K男を黙って見守り〈じぶんからやるまでほっておこう〉という積極的無関与，すなわち自ら動き出すのを見守るといった保育方針の見直しがなされる。これも集団内におけるK男の変化の兆しが，そのような見直しの契機となったのではないかと思える。そのようなまなざしの変化が，保育者のかかわり方から周りの仲間にも伝わり，さらにK男への見方を変えていく。そのような周りのまなざしを感じてK男は自信をもちより積極的になっていく…その様子をみてまた保育者や仲間のまなざし方，見方，かかわり方も変わってくるといったなかで，K男自身も変わっていく。上述のような変化は共時的に生じ，相互影響的にK男を取り囲む全体の関係構造を変容させていったのであろう。そのような変化のなかで，K男は保育者へ自分から声をかけるようになり，古参者の遊びにも一緒に参加する，ときにその遊びのリーダー的存在にさえなる…と変化していったのである。刑部の研究は，ちょっと気になる行動が個体的な能力の欠如だけではなく，ときとして，このような相互のまなざし関係のなかで立ち現れてくることを示唆している。ここでも保育者は，自分の子どもへのまなざし自体が，子どもたちの関係を作っていく鑑の働きをしていることを自覚し，そのような関係論的な視点をもって子どもたちの育ちを捉えていくといったことが大切になるように思える。

4 まとめに

　保育者のまなざしが，子どもの育ちには鏡や鑑となって重要な影響を及ぼす。そのことを自覚することは，保育者の子ども理解にとっても重要である。他方で，保育者の子ども理解には，保育者への子どものまなざしを鏡や鑑とすることも大切である。

　まず子どもが周りの物事へ向けているまなざしは，保育者には子どもの内面を知る鑑となる。そのまなざしを鑑として，子どもの関心や興味を共感的に理解するとか，子どもたちが仲間間で向け合うまなざしを鑑として，クラス内における子どもたちの関係性を捉えていくための有用な手立てとなる。また，保育者が子どもをまなざすだけではない。それ以上に，保育者は子どもからもまなざされている。このことは，保育する・されるといった関係性のなかでついつい見失いがちになる。しかし，子どもからのまなざしは，保育者が子どもの目に映る自分を知る鏡となり，ときに自分の保育の質を映し出してくれる鏡ともなる。それは，保育者が自らを省みる (reflect) ための鏡ともなる。そのように保育者として省みること，保育者としての自己理解の深まりは，保育者の子ども理解を深めていくことにつながるのではなかろうか。保育の場においては，そのような絡み合った間主体的な関係性のなかで子どもの育ちが形作られ，保育者自身も育っていくことになるのである。

　このようにみてくると，子どもを理解していくことは一筋縄ではいかない行為である。理解しえたと思っても，するりと子どもは保育者の理解をすり抜けてしまう。逆説的ではあるが，子どもを理解するという行為は，理解しきれないがゆえにたえず理解していこうとすることではなかろうか。それが，保育者の心身をしなやかに子どもに開いておくことにつながる。そのようにまなざして〈みる〉ことが子どもの理解を深め，それが子どもを育てるだけでなく，共に保育者が育っていく途を拓いていくように思われる。

5章　保育のエピソードから何を学ぶのか

　保育者の実践的な研究は，子どもたちのエピソードに基づく方法が主要である。実践研究のためではなくとも，保育者が子どもたちの保育記録をとりそれを振り返ることは，子どもの理解を深め，自らの保育を見直し，つぎのよりよき保育へとつなげていく大切な契機となる。その意味では，保育のエピソードをとるという行為は，たんなる自らの保育実践の記録に留まるものではないのである。

1　子どもを〈みる〉という行為

　人が人をみることを，モノをみることと区別して〈みる〉とここで表記しておく。すると，保育は，保育の場のなかで子どもをしっかり〈みる〉ことから出発する。それが保育を始めるための前提となり，子どもの理解やそれに基づく保育につながっていく出発点となる。そこで，保育者が子どもを〈みる〉という行為について考えてみる。
　4章でも述べたように，「みる」という行為は考えられているほど客観的ではなく，主観的な側面をもっている。「幽霊の正体見たり枯れ尾花」「あばたもえくぼ」といった表現があるごとく，恐い恐いと思っている人の目には枯れ尾花でさえ幽霊にみえてしまう，好きであればあばたもえくぼにみえてしまうといったように，みる人の情動，欲求，興味・関心，期待といった主観によって，同じ対象であってもその見え方が影響されてしまうのである。このように人がモノをみるということは，それほど単純な行為ではない。ましてや，保育の場において人（保育者）が人（子ども）をみるということは，もっと複雑な行為なのである。みられる対象としての人は，モノとは違ってみる人と同じように

主観をもった存在であり，みられる人（子ども）もまた，みる人（保育者）をみているからである。したがって，人（子ども）をみることは，顕微鏡でモノをみるようにたんに客体として保育者が一方的に観察しているのではない。

保育者は子どもの主観を感じとり，子どもも保育者の主観を感じとりながらの相互主観的な関係のなかで，人が人をみるといった行為が成立する。すなわち，そこでは観察する保育者自身が，観察している子どもにすでに影響を及ぼす変数としてその場のなかに分かち難く含み込まれているのである。したがってエピソード記録者としての保育者の〈みる〉こと自体が，その場における子どもの言動とは独立でありえないのである。子どもは保育者の〈みる〉からその主観を感じ取り，それに応答する主観（主体）なのである。そのような間主観的な関係のなかで，子どもを観察するという行為自体が，すでに観察される子どものあり方に何らかの影響を与えてしまっているのである。

そのような影響はピグマリオン効果などの研究にもうかがえる（4章を参照）。あるまなざしをもって子どもを〈みる〉ことは，子どもの言動の意味の読み取り・汲み取り方や，さらに保育的なかかわり方にも反映され，それが子どもをじっさいに変えていく力をもつのである。人が千円札をみて1万円札になって欲しいとまなざしても，けっして1万円札になることはないが，嘘の情報を信じて期待をもって子どもをまなざすとき，本当に期待通りに変わるのである。そこに人が人を〈みる〉ということの特殊性がある（岩田，2002）。

2　エピソードをとる

それでは，保育のなかでエピソードをとるということについて考えてみたい。保育エピソードの記述は，保育者が子どもを〈みる〉，子どもへ保育〈する〉といった行為にともなって生じる出来事の記録である。保育者の子どもを〈みる〉が主観に基づくとすれば，そこで生成されるエピソード記録もまた主観的なものである。子どもの何をみるのか，いかにそれを意味づけてみるのかといった保育者の主観に委ねられているからである。したがって，たとえ同じ子ど

もたちの出来事をみても，まったく同じエピソードは生成されない。程度の差があったとしても，十人十色の意味づけや解釈を含んだエピソードの記述がなされる。それは，さまざまな保育者の主観的な要因の違いによって生じてくる。すなわち，「観察するということ自体がきわめて主観的な行為であり，子どもを同じようにみていても，そこで子どもの何をみるか，それをエピソードとしていかに記録するか，またそのエピソードからどのような意義を読み取るかは観察者によって異なってくる。それは，その観察者がもつ発達心理学的な知識や発達観，子どもと過ごした経験量，子どもへの関心や期待といった枠組みによって左右されるからである。したがって，たとえある行動エピソードの出現自体は客観的な事実であるとしても，その記述や解釈をめぐっては必ずしも一義的ではない（岩田，2004b）」のである。そうであるがゆえに，エピソードの解釈や意味づけには，その出来事をうまく説明・了解できるかどうかといった説得性や妥当性が問題になるとしても，それに絶対の正否はないのである（岩田，2008a）。

　保育エピソードをとるために〈みる〉というあり方自体が，そこでの子どものあり方に影響を与えていく。その意味では，エピソードをとる保育者自身が，生成されるエピソードのなかに組み込まれているのである。繰り返しになるが，子どものエピソードを記録するという行為は，顕微鏡下にある対象を客観的にみることではないのである。観察する保育者の存在が，すでにその場の子どもたちの言動に影響を与えているのである。

　そもそも多くの保育記録には，子どもの言動や出来事への主観的な解釈的記述だけでなく，その場での自身のかかわり（参与の仕方）やそれへの子どもの反応が一体として含み込まれている。エピソードをとる保育者自身が，そこで生成されるエピソードの重要な構成要因として組み込まれ，エピソードの生成そのものに影響を与えていくといった構造を必然的にもっているのである。したがって保育の場においてエピソードを記述するとき，そこでは保育者はたんなる客観的な観察者などではありえないのである。まさにサリヴァン（Sullivan）が関与しながらの観察（participant observation）と名づけたように，それ

は，同じ人間として相互的な交流・展開のなかで子どもを理解しようとする行為なのである。だからこそ，保育者の〈みる〉が変われば，出来事エピソードの解釈やエピソードの記述自体も変わり，さらに保育者が取り上げるエピソード自体も変わってくるといったことにもなるのである。

　たとえ同じ出来事をみても，〈みる〉保育者の主観によってそれは十人十色のエピソード記述になりうる。たとえば子どもたち同士の出来事を観察しても，保育者がいずれの子どもの視点に立ってみるかによってもエピソードの記述は異なってくる。つぎの保育エピソードの報告をみてみよう。これは全日本私立幼稚園連合会設置者・園長研修会の研究講座（2007）に，筆者が助言者として参加した折に報告された年長児のエピソード（黒田秀樹の報告による）である。

　◆私のクラスの子どもたちは，先週の金曜日に何のお店やさんをするのか，全員で決めたのだけれど，その日，病気で休んでいたSくんがやっと登園してきたので，「何やさんになる？」って聞いてみました。すると「Lちゃんから，ケーキやさん1人だからケーキやさんになってって言われたから，ケーキやさんになる」と言ってきました。私は，「Lちゃんのためにケーキやさんになるのは，やさしくて良いことだけど，本当にSくんは，ケーキやさんがしたいの？」と聞いてみました。すると，Sくんは黙ってしまいました。そこで，「Lちゃんは，とっても嬉しいと思うけれど，Sくんはどう？　やってみて，あとで違うお店やさんがやりたくなっても変えられないし，Lちゃんも，あとから変わるって言われたら困ると思うよ。Sくんが，本当にやりたいお店やさんを選んでね？」と言ってみました。すると，「ぼく，虫やさんがいいんよー」と小さな声で言いました。「そう，だったら，虫やさんしたら」と言うと，「うん！」と笑顔で答えました。そのようすをそばでみていたLちゃんは，何も言いませんでした。

　そのことで，Lちゃんのことが気になっていましたからようすを見ていたら，最終的には，仲良しのYちゃんと「やきそばやさんをする」と，言ってきました。でも，私のかかわりが，本当にこれで良かったのか，Lち

ゃんもSくんも納得しているのかと考えると悩みます。」

　このエピソードの記録では、保育者は最初この出来事をSくんの視点に立ってみている。保育者は、Sくんがじぶんの欲求や気持ちをはっきり主張すること、Sくんがもっと主体的に振舞うことを望んでおり、そのような観点からSくんの行動がエピソードとして記述され、SくんとLちゃんとのやりとりも眺められ、さらに保育の実践もなされていることがエピソードの記述から読み取れる。しかしながら、保育者がLちゃんの視点に立ってながめれば、おそらくこれとは違ったエピソード記述が生成されたはずである。また、もっと違った保育のエピソードとして展開していたかもしれない。たとえば、仲間を思いやるLちゃんの優しさに注目したストーリーになっていたかも知れない。しかし、この保育者はこのことに気づいたようである。それは、エピソード報告の終わりに「Lちゃんのことが、気になってようすを見ていたら…」とあり、ケーキやさんが実現しなかったLちゃんの視点にも立って「LちゃんもSくんも納得しているのかと考えると悩みます」と、結ばれていることにもうかがえる。そこには、自分のエピソード記録がSくんの視点からのものであり、そのような視点に立って保育がなされているが、他方のLちゃんの立場から出来事をながめてみる、保育を考えてみる可能性もあることへの気づきが現れている。このように、同じ出来事であっても、いずれの子どもに焦点をあてるのか、どの子どもの視点からみるかによって、エピソード記述もその読み取り（出来事の意義づけ）も保育的介入もまったく違ったものになってしまう。その意味で、保育者がエピソード記録をとるという行為のあり方は、たんなる出来事の記録にとどまらず、それが子どもへの保育、さらに子どもの育ちのあり様にも密接につながっていくことが推測される。

3　エピソードによる子どもの理解

　エピソード記述による子ども理解について考えてみる。そもそも理解すると

は、「なぜ？」と事象間の因果的な関係を問うていく行為である。モノゴトの世界では、その現象の科学的・客観的な因果律が問題になる。しかしながら人が体験する出来事では、そのような客観的な因果律による説明はあまり意味をなさない。なぜなら、人はそれぞれの欲求、動機、意図、信念…といった主観をもつ主体として存在するからである。したがって人に起こる出来事では、なぜそうしたのか、なぜそうなったのかをそのような心理的な因果律によって問われる。だからこそ人の場合には、そのような動機、意図や信念などを共感的に汲み取るといったことが出来事の理解には不可欠になってくるのである。

　したがって、保育エピソードによる記述は、必然的に保育者が出来事をストーリー化して意味づけていくといった、主観的な認識による子ども理解の方法なのである。ストーリー的な因果律による理解の方法である。ブルーナー (Bruner) は、人が世界について知識を体制化し、構造化するやり方に２つあるという (岩田, 2008a)。１つは自然科学を成り立たせてきた論理的な認識方法であり、そこでは論理的な一貫性と無矛盾性が必要とされ、できるだけ人称性や主観を排した無視点的で客観的、普遍的な説明に基づき、実証可能性や検証可能性によって真偽が説明されるような認識の様式である。他方は、物語的（ナラティブ）な認識方法である。それは、信じるに足るストーリー、人の心をひきつけるドラマとして出来事を意味づけていく認識の方法であり、そこでは科学的な因果律による真偽性より、ストーリーとしての説得力や表現力が重要になってくるのである。したがって、ある合理的な解釈は他の解釈を排除するものではなく、多様な解釈的な意味の可能性に開かれている。ブルーナーは、これを意味づけの行為（acts of meaning）とよんでいる。両者の認識様式は相互に還元不可能であるとともに、人間にとっては相補的な大切な認識様式であるという。保育のなかでエピソードをとるという行為は、まさにそこで観察される出来事をストーリーとして意味づけていく物語的な認識の方法なのである。

　しばしば、エピソード記録においては子どもの行動を客観的に記述していかなければならないと言われる。どのような意味で客観的と言われるのかは分か

5章 保育のエピソードから何を学ぶのか

らないが，そもそも観察された行動を客観的に記述していけば，そのように記述された記録はノンセンス（nonsense＝無意味）なものにしかならない。たとえば，モノの取り合いといったいざこざ場面を，「R男はS男が持っている人形を自らの右手につかんで速い速度で左方向に走っていく。そのあと数秒後，S男はR男に接近する。それからS男はR男の頭上に右手をあげ，それでR男の頭を叩く。R男の目から涙が数滴こぼれる。その直後，S男はR男が手を離した人形を右手にもち，その地点からすばやく離れる。そのあとR男はS男がいる部屋に行き，S男の顔を右手で叩く。S男の目から涙がこぼれる…」といった記述は，保育者にとってはあまり意味をなさない記述である。さらに「R男はS男から右45度の角度に3m離れて位置している。S男は平均毎秒1mの速度でR男に接近する。3秒後にS男とR男が10cmの間隔まで接近する。その2秒後にS男の右手は右上方170度の角度に上がり，その後数秒でR男の頭頂部に下ろされる。R男の顔筋の…といった部位が…に変化し，目から涙が〜mg床に落下する…」と，冗談交じりにもっと客観的かつ厳密に記述していくことも可能である。より客観的で厳密にはなるが，ますますノンセンスなものとなってくる。保育の場の出来事はエピソードとしてストーリー化されるからこそ，それが意味あるものとなるのである。このストーリー化という主観的なエピソードの意味づけ（意味の構成）なくして，そもそも出来事の記述はノンセンスなものにしかならないのである。

　つぎのものは，すでに1章でもとりあげたエピソードである。年長児の作品展で5〜6人の子どもたちがグループとなってライオンを作っているときのエピソード記述である。

　◆Y男は自分の気持ちを押し通そうとするタイプであり，今まで自分の思いが通ってきた。
　　Y男「おれがライオンの体を作る。お前らは足な」と，一方的に相手に自
　　　　分の意見を伝える。みんなから口々に「何でお前が決めるねん。勝手に
　　　　決めんなよ」と，声があがる。

Y男「うるさいな！」と，みんなに言われたことで相当頭にきている様子で，「そんなんやったらやらんでええよ」と，自分の意見が通らずに投げやりな態度をとる。しかし，みんなは自分の思い通りにしてくれると思っている。

みんな「ほんなら1人でしろ」と，みんなはその場から立ち去ろうとする。みんなかなり頭にきている。今日は，Y男の思い通りに絶対にしないという気持ちが伺える。

Y男「みんなで作らなあかんやろ。ライオングループやのに」（Yはみんなの反応がいつもと違う事で，本当に怒っていると感じる）

みんな「せんでいいって言ったやろ。みんなの作品やから…。みんなで決めるんやったらやる」と，みんなが少し歩み寄ってあげる感じがみられる。

Y男「わかった…やる」（少し沈黙があった後でこの言葉が出た）

みんな「みんなでやろう！　強く言ってごめん」

Y男「おれもごめん。1人で決めて。でも，どうしても体が作りたかってん」と，はじめて自分の思いが通らなかったことを感じると同時に，自分の本音をきちんと言葉に出して伝えることができた。

みんな「そうか。じゃ，誰が何を作るかはみんなで話し合って決めよう」

Y男「わかった。話す」と，とても晴れ晴れとした表情で言う。

(10月)

(なお下線部は筆者による)

(第17次プロジェクトチーム岩田班・研究紀要，2009から)

このエピソードをごらんになっていかがであろうか。その出来事の記述は，まさに保育者によって子どもたちの欲求，意図，信念が読み取られ，それをもとに編まれた1つのストーリーである。子どもの主観が保育者によって主観的に汲み取られ，子どもたちの出来事が意味づけられていく。〈なぜそうしたか〉〈なぜそうなったのか〉〈そのときどんな気持ちになったか〉〈それでどう

考えたか〉と，心理的な因果律によって出来事がストーリーとして編まれていくのである。上のエピソード中の下線は，保育者によるそのような読み取りと思える箇所を示したものである。このエピソードは，それまで自分の思うままを通してきたY男が，はじめてみんなからの強い拒否に出会うなかで，みんなの声にも耳を傾け，自分の本音もみんなに伝えられるようになったというストーリーとして物語られている。このように，保育の場でエピソードをとることは，そこでの出来事をストーリー化（ナラティブ）によって理解していこうとする方法なのである。

4 エピソードのなかの保育者

　繰り返しになるが，エピソードをとるということは，たんに保育者が子どもの言動だけの記録をとっているのではない。そのエピソード記録のなかに，保育者が子どもたちの言動を読み取り，それに働きかけ・応答する者としても登場してくる。エピソード記録にみられるそのような応答や働きかけが，じつは子どもたちが自分たちの出来事をストーリーとして意味づけ，それを語る仕方を学んでいくモデルともなっていく。保育者が子どもの出来事をいかに〈みる〉か，それをいかにストーリー化して語るかを通して，子どもも出来事をいかにストーリーとして意味づけ語るのかを学んでいくのである。つぎの友定ら（2009）のあげるエピソードは，ある女児が仲間間のいざこざの経緯を保育者に説明するといったものだが，その一部を抜粋してみてみる。

　◆4人の年長児がカルタをしているが，いざこざが起こったようで，メンバーの1人であるはるかが顔を伏せて泣いています。経緯を知らない保育者が「どうしたか，誰か説明できる？」と尋ねると，メンバーの別の女児が説明しはじめます。
　　ゆうこ「あのねえ〜，4人でカルタしよったんよ〜」「それで，はるかちゃんが読みよって，他の人は取るんだったんだよね。そしたら，ひろし

君がねえ〜…」と間をおきながら,「なんか,自分も読みたくなったんよね?」と,ひろしの方を確認しながら言う。

ひろし「うん」

ゆうこ「それで,読みたいから,ホントは貸してとか言えばよかったんだけど,黙ってはるかちゃんが持っているカルタ(読み札)を,えいって引っ張って取ってしまったんよね。それで,はるかちゃんが泣いたの」と続ける。

私「すごいねえ,ゆうこちゃん,ひろし君の気持ちがわかるんだねえ,ひろし君が読みたかったからやってしまったんだなあって,思ったんだね」

ゆうこ「うん」

私「ひろし君,そうなの?」

ひろし「うん」

私「そうか,やってしまったんだねえ,そのことをゆうこちゃんが上手に説明してくれたねえ。はるかちゃん悲しかっただろうねえ。びっくりしたんかね?」などと話す。

(事例⑮ 「ひろし君の気持ちがわかるんだね」から)

このエピソードでは,なぜはるかが泣くに至ったのか,いざこざの当事者の気持ちや感情を織り交ぜながら,それを先生に説明する(語る)といった年長児ならではの姿が描かれている。年長児にもなると,自分の体験した出来事をナラティブとしてストーリー化してうまく語れるようになってくる(岡本,2009)。じつは,このような出来事のストーリー化も,いざこざを仲介するそれまでの保育者による語り方がモデルとして取り入れられているのである(岩田,2001a,2008a)。子どものトラブルを仲介・調整する保育者は,その出来事の経緯を整理して「〜されたから,Aくんはこんな気持ちになって,それでこうしたの,それで…Bくんはこんな気持ちになったのね,だから…」と,ストーリー化して語る。このような語りが,子どもにとって出来事をストーリー

化して語るモデルとなる。このエピソードでは，保育者はゆうこのストーリー化を「上手に説明してくれたねえ」とほめ，「はるかちゃん悲しかったんだろうね。びっくりしたんかね？」と，さらにそのストーリー化を補足している。

　同じ資料から，もう1つ年長児のエピソードをあげておこう。トラブルの事実経緯をまず時系列的に説明してみる。このエピソードでは，おさむがゆうまに「ひろみちゃんと結婚する」と内緒で言う。そのことをゆうまはたつやに教える。たつやは，それをだいちに言う。それでおさむがたつやを叩く。しかしたつやはだいちが叩いたものと間違えて，たまたまそこに通りがかっただいちを蹴る。だいちが泣いて保育室に訴えにいく，といった経過である。このような事実経過は，トラブルの当事者であるたつやとだいちが冷静になって話し合うなかで明らかになり，保育者にもその経緯を話し始める。保育者は，そもそもの発端がおさむの行動にあると思い，保育室の隅で顔を伏せ泣いているおさむの所へ話しにいく。そのあたりからエピソードを引用してみよう。

◆5歳児　ことばのトラブル

　　　　　　　　（中略）
私「おさむ君どうしたの？　たつや君のこと叩いたって本当？」
おさむ「だってみんなから言われていややったやもん！」
私「何がいやだったの？」
おさむ「ぼくはゆうま君に『内緒にして』って言ったのに…」
私「そういうことやったんやね！　ゆうま君だけに言った内緒の話を，いろんな人に聞かれはずかしかったんやね。わかったよ。でも，友だちのこと叩くのはよくないことよ。そして，内緒の約束を守らなかったゆうま君もいけんやったね。でもね，ほんとうに知られるのがいやなら，秘密は誰にも言わない方がいいかもよ…」（おさむ君は涙をとめてうなずいた）

　　　　　　　　（中略）
ゆき子が私のところへやってきて「あのね，私がおさむ君に（いやなこ

とを）言ったからいけんやったんや，ここを引っかかれて，ちょっと血が出た」と言って腕をみせる。

　ゆき子の話によると，「おさむ君がひろみちゃんと結婚するってー！」と，数人の女児たちでからかったらしい。おさむはそれがいやでゆき子の腕を引っかいたようだ。が，お互いに謝って，納得はできているらしい。
私「2人ともいけんやったね。おさむ君も手を出して女の子を傷つけたらだめよ。それはいけないことよ。ゆきちゃんも，もし自分が友だちからそんなことを言われたらどんな気持ちする？」
ゆき子「いやな気持ちがする…」
私「そう，いやな気持ちなんだよね。自分に悪気がなくてふざけて言ったことでも，言われた相手がいやだなって感じたら，それはいけないことになるんだよ」
ゆき子「はい…」

（中略）

　当事者全員で話し合って，問題は一応解決したので，おさむに聞いてみた。私「おさむ君は今，誰に謝りたいの？」，おさむ「ひろみちゃん」「ひろみちゃんごめんね」，ひろみ「いいよ」，私「おさむ君は，何が一番いけなかったと思う？」と最後に尋ねてみると，「<u>ぼくが内緒のことをゆうま君に話したこと</u>…！」と答えたおさむであった。

（事例⑬　「ぼくが内緒のことを話した」から）

　保育者は，このトラブルがなぜ生じたのかをストーリー化していくように導き，そのなかで秘密を漏らすという行為を下線部（筆者による）のように語る。約束を守らず人の秘密を漏らすことは，それがみんなに知られることになり嫌な思いをさせるし，それが原因でトラブルにもなる。その責任は秘密を他に漏らしてしまった者にあるが，本当の秘密ならそれを誰かに話した当の本人にも責任がある，といったストーリーの意味づけである。そのような保育者による語りが，子どもにとっても出来事を意味づけるモデルとなっていくのである。

5章　保育のエピソードから何を学ぶのか

そのことは，最後に保育者から「何が一番いけなかったと思う？」と問われて，「ぼくが内緒のことをゆうま君に話したこと…」と，その直前の「ほんとうに知られるのがいやなら，秘密は誰にも言わない方がいいかもよ…」という保育者のことばが，すぐさま子どもの語り（行為の意味づけ）に反復されていることからもうかがえる。

　このようにエピソード記録を振り返ってみるとき，いかに保育者が子どもにさまざまな影響を与えているかをあらためて覚知することができる。

5　エピソード記録はどのようにして保育に生かされるのか

　エピソード記録は，保育の場での出来事をいかにみたかをストーリーとして表現したものである。したがって，そこには保育者の子ども理解が反映されることになる。子どもの何をどのように〈みる〉かも定かではない実習生のエピソード記録を思い起こしてもらえばよい。しかし，子どもとのかかわりが深まってくると，その記録されるエピソードの焦点がしだいにはっきりしたものとなり，よりストーリー化されたものになっていくことは経験するところである。その意味では，エピソード記録の質や量は，保育者による子どもの理解の深まりを反映し，逆に子ども理解の深まりが，エピソード記録を深めていくことにもなるのである。4章（p. 68-70）で，3歳児クラスの担当教師が砂場遊びでの保育実践のエピソードについて語り合う会話記録を紹介した。ここでは重複するので省くが，保育の経験年数によって，保育者が3歳児の遊びをどのように捉え，どのように遊びにかかわっているのか，さらに遊びへの保育意識に関しても違いがみられる。新任の教師による子どもの遊びへのコメントは貧困である。それに比べて保育年数を経験した教師は，遊びの内容だけでなく，そこで教師が子ども同士の遊びをつないでいく，遊びをひろげていくような働きかけについてのエピソードを述べている。さらに，遊びへの働きかけにおける子どもの主体性と教師の介入の兼ね合いをどのように考えるかといった議論になっていく。新任の保育者はなかなかそのような話し合いについていけず，そこ

で自分の意見を何も語れない。このように同じ3歳児の遊びをみても、保育経験の年数によって、そこから子どもの何をどのようにみるかの焦点や視点が異なり、それが記録されるエピソードの内容や質のなかに反映されてくることがうかがえる。

　ただ子どもたちを漫然と、漠然とみていたのではエピソードをとることさえ難しい。まずは、子どもたちの何をみるのか、どのようにみるのかといった視点や焦点をもつことが必要である。それは子どもをみる課題意識であり、子どもをみるための自分なりの枠組みである。つぎにエピソードをとり、そこから何を読み取り・汲み取っていくかといった視座を学び培っていくことが大切になる。それによって、子どもをみる視点や枠組み自体がしだいに深まり、さらに記録されるエピソードの質量とも豊かなものになってくる。それは保育者による子どもへの〈みる〉を深め、さらに保育の実践にも反映されてくる。そのような循環のなかに保育のエピソード記録をとるという行為が組み込まれるとき、それは、〈みる〉〈する〉といった子どもの理解や子どもへの保育実践を支え深めていくように思われる。

　自らの保育エピソードをとることは、そこに関与する自らの保育行為を記録し、見直すということでもある。エピソードを記録する行為は、自らの子どもへの〈みる〉や〈する〉の仕方を振り返り・省みる契機となり、そのことはさらに子どもへの〈みる〉〈する〉を深めていくことになりうる。それには、たんにエピソード記録をとって終わるのではなく、それを振り返ってみるといった読み返し・読み直し作業が大切なものになる。そこで、エピソード記録をとっているときには気づかなかったことが新たにみえてくるといった体験もよくなされる。エピソード記録から自らの保育を振り返り、「あのときああすればよかったのではないか」「あんな働きかけをすれば別の展開があったのではないか」と、別の保育の可能性やあり方を想像するとか、模索して考える契機ともなる。とくに、他者の目をくぐらせて読み直すときはなおさらである。もしそのようにエピソード記録が活用されるとき、それは子どもへの保育者の〈みる〉目を養い、保育を〈する〉技能や質を高めていくことにつながり、そ

れがさらに豊かなエピソードを生成することを可能にしていくであろう。

エピソード記録を保育に生かすには

　保育者がエピソード記録をとることは，子どもを〈みる〉目を養い，子どもへの保育実践にも資する契機となることは述べてきた。しかし，そのエピソード記録は，あくまでそれをとる保育者の主観的な記述を免れ得ない。そうであるがゆえに，ナラティブ的なエピソードによる子ども理解は，ときに勝手な解釈に陥るとか，すべての事象を恣意的に設定した固定のストーリーのなかにおくことによって理解しえたとするような危険性を常に孕んでいる。したがって，保育者が出来事をエピソードとして記録することは，ともすれば硬直した解釈や理解に陥ってしまう危険性をつねに孕んでいる。子どもの出来事への見方がパターン化してしまいやすいことにもなる。それを避けるにはどのようにすればよいのであろうか。どのようにすれば，保育者の主観的行為であるエピソードの記録が，子どもへのより深い理解や，自らの保育に生かせる手立てとなりうるのであろうか。

　それには，保育のエピソード記録を自身以外の複数の目にくぐらせてみるといったことが必要になる。それは「こんな見方もできるのではないか」「このエピソードを違う観点から読み取れるのではないか」と，多様な他者の目から，選択可能（オルターナティブ）なストーリーに開かれていく契機となる。ある主観の下に記録されたエピソードでも，他の保育者や研究者の目には，そこに含意されている意味は一義的ではなく，しばしばその記録から異なる別の意義づけや，より深い意味の読み取りがなされ，ときに別のストーリーとして理解されることも多い。そこでエピソード記録に書かれなかったことが，じつは大切な意味をもっていることに気づかされるといった契機にもなる。つぎのエピソードは，筆者がある園でのエピソード検討会に参加した折に報告されたものである。

I部　子どもの理解と保育

◆5歳児　11月下旬「…おれも弱いところある」

　おばけやしきでおばけになっていたⅠ児，H児（ともに1人っ子）が思いのくい違いから，いざこざになった。初めは言い合いだったが，その後，蹴る，叩くという行為にまで発展していった。H児は泣いており，保育室から出て行こうとした。そっと戸を閉めて出て行こうとしているH児と目が合った。（なお以下に登場する子どもはいずれも男児である）

保育者「H児くん，先生が見つけられないところへ行かないでね」
H児「いいもん」
保育者「先生は困る。だって，あなたに何かあったらすぐに助けられないでしょ」

　H児は「困らない」「いいもんね」などと言いながら，保育室に戻ってきた。教師の側にいたⅠ児はその様子をみながら，立っている。

保育者「Ⅰ児くんはずーっとこの場所から動いてないよ。あなたと話したいと思っているのかもしれないよ。もう一度，話をしてみたら」

　H児はⅠ児と向かい合って座った。そこへT児が教師に「H児くん，どしたの」と言って，近づいてきた。

保育者「先生もよくわからないから，2人の話を聞こうと思ってるの」

　そう答えるとT児はH児の隣に座った。その後，教師は他の幼児に呼ばれ，しばらくその場を離れたため途中から2人の話を聞くことになった。

Ⅰ児「H児，弱い！」
H児「おれ，強いもん。Ⅰ児ちゃんは弱い」
Ⅰ児「おれ，強い！　H児，弱い」
H児「おれ，強いし。Ⅰ児ちゃんは弱い！」
Ⅰ児「おれ，強い！」
H児「おれの方が強いし。Ⅰ児ちゃんは弱い！」

　自分は強くて，相手は弱いと言い合うばかりである。

保育者「なぜ，自分が強いと思うの？」
Ⅰ児「空手ならっているから」

H児「じゃ，空手ならっていない人はみんな弱いのか？ L児とか（弱いのか？）」
　I児は答えに困っている。そこへB児がへらへら笑いながらやってきて，I児の隣に座った。
H児「B児，出て行け！ おれら真剣に話しとるから」
　I児の顔をみて真剣なことを確かめると，B児の表情が変わった。
T児「H児くんだって，強いよね」と，T児が唐突に言った。
H児「おれ，強いけど，逃げたし弱いかもしれない」
保育者「叩いたり，蹴ったりする力は強いけど，弱いところもあるってことね，自分のことよく知っているのね」
T児「I児ちゃんに，弱いところはないかな？」
B児「I児ちゃんは空手ならっとるから，強い」
I児「…おれも弱いところある。だって，先に手を出したもん」
保育者「あなたも自分のことをよく知っているのね。手を出す前にもう少し我慢したらよかったと思っているの？」
　I児はうなずいた。T児が「でも，我慢ばっかりできないよね」と言うと，4人はお互いにうなずいたり，そうだというような表情をしておばけやしきの方へ行った。　　　　　　　　　　　　　　（11月下旬）

（第55回幼稚園教育研究集会鹿児島大会全体会提案資料：中田幸江による，2009）

　このエピソードは，H児とI児は「ぼくは強い，おまえは弱い」とお互いに強弁し合っているが，仲間のT児が介入するなかで，自分たちがもっている弱さを省みるにいたるストーリーとして報告された。しかし，もっと詳細にエピソードを読み取っていくこともできるであろう。このいざこざでは，泣かされて弱くみえるH児にT児は「H児くんだって，強いよね」と言い，泣かした側のI児には「I児ちゃんに，弱いところはないかな？」と，双方の立場によって巧みにことばかけを変えている。そのT児のことばが，相互に「強い」と言

い張っていたH児とI児に，それぞれ自分の弱いところをみつめさせる契機となっている。もっとも，T児の巧みなことばかけは，その直前に教師が，「叩いたり，蹴ったりする力は強いけど，弱いところもあるってことね」と言った内容に影響を受けているように思われる。T児に「強いよね」と言われたH児は，「おれ，強いけど，逃げたし弱いかもしれない」，逆に「弱いところはないかな？」と問われたI児は，先にH児が自分の弱さを認めたこともあって，「…おれも弱いところある。だって，先に手を出したもん」と，それぞれが自分の弱いところを省みている。そこに，仲間間のトラブルに仲介していく力や，仲間のことばをきっかけとして自己を振り返るといった年長児の育ちを読み取ることもできる。たしかに，T児の介入によって，人は強い人と弱い人に二分されるのではなく，強いところも弱いところももっているといった自己の振り返りがみられる。それは保育者によるエピソードのタイトルにもうかがえる。しかし，このエピソード記録からはさらに別のことも読み取れる。I児の「…おれも弱いところある。だって，先に手を出したもん」に，保育者は「手を出す前にもう少し我慢したらよかったと思っているの？」と，〈本当に強い人はね，先に手を出さない〉という意味を含意したことばかけがなされる。ここで保育者は，強いことはよい，弱いことは悪いといった二分図式のなかで，本当に強い人になりなさいといった保育的ことばかけをしているのである。しかし，すでにこの状況において保育者の思いと子どもの間にはズレが生じているように思われる。それは，「手を出す前にもう少し我慢したらよかったと思っているの？」という教師のことばにI児はうなずくが，「でも，我慢ばっかりできないよね」のT児の発言に4人の子どもが互いにうなずいて，そうだそうだという表情をし合うといった記述にもうかがえる。そこには，「本当に強い人とは」を教えようとした保育者の教育的思惑をはるかに超えて，人は強くあらねばならないとしても，ときに弱さを出すことも仕方ないと認め合う子どもたちの自己認識の有様を読み取ることも可能である。

　つぎのエピソードは，年長の男児2人が登園し着替えて外遊びに行く前に昨日の母の日のことを話している場面でのものである。

◆本当の花やで！　本当の花！
A男「昨日，母の日やったなあ」「昨日，母の日やったやろ」
B男「うん」とうなずくだけですぐに，「Aくん遊ぼう」
A男「うん」
A男「なあ，母の日なんか手伝った？」「おれ，なんも手伝ってへん」
B男「おれも，なんも手伝ってへん」
A男「なんかできるかな？」
B男「なんかできるかな？」
A男「だって，料理もつくられへんしなあ」
B男「うーん，お姉ちゃんならできるんやけど」
A男「だからプレゼントすることにしてん」
　そこで話しながら外遊びにいってしまう…。プレゼントの内容が気になったので，外遊びから戻ってきたA男と話してみる。
保育者「昨日，母の日やったね…何かお母さんのお手伝いできた？」
A男「ううん，手伝ってへん」
保育者「じゃあ，何かした？」
　するとこの話を横で聞いていたC子が
C子「カーネーションとお絵かきした！」
保育者「カーネーションしたの？」
　すかさずA男が，
A男「おれも，カーネーションしたで！」と，自分もアピールする。
保育者「買いに行ったの？」
A男「買いに行ったんじゃないで（必死に否定している）…本当の花やで！…本当の花…買いに行ってん！」
保育者「買いに行ったの？　誰と行ったの？」
A男「お父さんと一緒に」
保育者「そうかあ…お父さんと一緒にかあ，お母さん喜んでくれたん違う？」

I部　子どもの理解と保育

　　A男「うん」と満面の笑顔でうなずく。
　　保育者「よかったね」　　　　　　　　　　　　　　　　　　（5月）
　　　　　　　（第19次プロジェクトチーム岩田班・研究紀要，2011から）

　このエピソードは，保育のなかでよくみられるディスコミュニケーション（会話の行き違い）の例として報告された。しかし，このエピソード記録は少し違った視点からの読み取りもできる。このエピソードでは，保育者とC子のやりとり文脈にA男が参入していくといった構造になっている。ここでのディスコミュニケーションは，C子の「カーネーションとお絵かきした（カーネーションの花とお母さんを描いた絵）」を，A男が「カーネーションのお絵かきした」と聞き違えたことから始まったように思える。それには母の日の贈り物は1つというA男の先入観が影響したのかも知れない。そのあと，保育者の「カーネーションしたの？」に，A男は「おれも，カーネーションしたで」と応える。実際に父親とカーネーションの花を買って母親に贈ったからである。しかし，聞き間違えたC子の「カーネーションのお絵描きした」の内容が頭にあり，それをつぎの「買いにいったの？」という保育者の質問に不適切に関連づけてしまったのではなかろうか。そこで「（カーネーションの絵なんか）買いに行ったんじゃないで…」と一瞬否定してから，すぐさまそのおかしさに気づき「…本当の花やで…本当の花…買いに行ってん」と訂正したのではなかろうか。このエピソードをたんなるディスコミュニケーションとして捉えてしまうのも1つの読み取りではあるが，以上のように想像的に読み取っていくことも可能である。すると，ディスコミュニケーションのエピソードではあるが，あくまで先行する発話コンテクストにつなげて保育者の発話（質問の意味）を理解していこうとする年長児の聞く力や，また会話の行き違いにすばやく気づきそれを修正していこうとするコミュニケーション力の育ちをもうかがうこともできるのではなかろうか。

　たしかに，ある読み取りの下にエピソード記録は生成されるが，その記録は他者の目には違った読み取りの可能性にも開かれている。だからこそ他の保育

者やスーパーバイザーの目をくぐらせることが，それを記録した保育者が，そのエピソードから新たな読み取りの可能性を学ぶとか，自らの読み取りをさらに深めていく手立てとなるのである。このように他者の目をくぐらせるなかで，エピソードをアレやコレやと複眼的でより多様に，より深く読み取っていく途が開けることになる。

　他者の目をくぐらせるには，現場の保育者にとってどのような方法があるであろうか。たとえば，事例検討会（ケースカンファレンス）で自分のエピソード記録をめぐって同僚からの意見や，助言者からのアドバイスをうけるといった方法もある。そのなかで自分とは考えの違う，今まで気づかなかったエピソードの読み取りができることに気づかされ，そこで選択可能な見方や視点を深めていくことになる。園内研修で，あるエピソードをめぐって議論し合い，考えの相違をきっかけに相互の子ども理解を深めていくといった試みもそうである。そのなかで誰しもが納得できるようなエピソードの読み取りを模索し，そのストーリー化を再構築していくことにさえなる。エピソード記録を，自分の2つの目だけでなく他者の目を借りた複眼によって見直し，そして多様な読み取りの可能性やより妥当な読み取りへと深めていくといった作業が必要になるのである。また保育実践の研究会などで，自分のエピソード記録を発表するだけでなく，他の保育者のエピソード報告にも触れ，そこでさまざまな意見交換や論議をし合うといった経験も大切になる。もちろん，それは自らの報告エピソードに対する読み取りを深めることにもつながる。それだけではない。他の保育者のエピソード報告を聞いて，ときにより深い読み取り方を学んだり，自分の体験した同じような出来事でも多様な読み取りの視点があることに気づかされる。このように，保育のエピソード記録をアレやコレや，こうも考えられるのではないかと複眼的に振り返ってみようとする作業が，翻っては保育のなかで子どもを〈みる〉目を養い，子どもへの保育を〈する〉力を養っていくように思われる。

6 まとめに

　岡本（2009）は，「…すべての事象を，常に自己が恣意的主観的に設定した固定の特定のストーリーの中におくことによって理解しえたとする態度である。これは心理学や特に臨床的解釈場面でも少なくない。この危険性を常に意識しておく必要があり，事象の解釈には常に選択可能オルターナティブな複数のストーリーを設定し，その中から，どれがいちばん現実的問題の解釈にとって，いちばん有効で誰しもが納得可能に近いストーリーを探りあててゆくかを，自分の中で，また他者との相互的折衝の中で探りあててゆく努力を必須とし…」と，常に誰しもが納得可能なストーリー（解釈や意味づけ）を模索していくといった作業が子どもの理解には大切であるという。それには2つの方法があるように思われる。

　その1つとして，エピソードを介した他者との交流（相互的折衝）のなかで，現実的問題の解釈にとってより有効なストーリーを探りあてることが大切になる。すなわち，そのような努力が子どもの理解を深め，現実の保育問題へよりよく対処していく力を培っていくことになる。ところで最近，質的な発達研究が1つの方法論になりつつある。実験的に統制された研究というよりも，保育現場（フィールド）における参与的な観察をもとに，そこから子どもの発達や育ちの姿を読み取り，その過程を描いていくといった方法をとる。保育者によるエピソード記録とは少し異なるが，子どもを理解したいという目的は一緒である。そのような発達研究の方法も，やはり先の岡本が指摘するような独断的な恣意性に陥ってしまう危険性を内包している。したがって同じように，そのストーリー化が唯我独尊的に閉じられるのではなく，たえず選択可能なオルターナティブに開かれ，より有効なストーリーを探りあてていく対話が他者との間で行われることが必要になってくる。

　もう1つは，そのような他者との対話だけでなく，誰しもが納得可能なストーリーを模索するために，自らのエピソード記録に自らが問いかけていくと

いった自己内の対話もそれに劣らず重要になってくる。保育現場で得られる観察エピソードの積み重ねをもとに、「ああではないか？　こうではないか？」とエピソードを突き合わせ、比較し、重ね合わせていくといった内的な対話によって、それらエピソード間のつながり（関連性や類似性）に気づき、そこにいくつかの行動のパターンやカテゴリーが浮かび上がってくる。新たな行動パターンの出現、類似した行動エピソード群の繰り返し、それまでみられていた行動エピソードの消失、いくつかの異なる行動エピソード間の共起性や連関性などにも気づかされる。このような多様なエピソード間に関連性や整合性をみいだしていくことは、継続的な部厚いエピソード記録をめぐる自己内での対話によっても可能となる。そのことは、研究者と同様に保育者の場合にもあてはまるだろう。自らの保育エピソードをめぐって他者と対話することは重要であるが、他方で、自らのエピソード記録へ「もっと他の読み取りができるのではないか」「他のエピソードとどのように関連しているのか」と問いかけ、積み重ねられた一連のエピソードを時系列的に振り返り、見直すといったエピソードとの間での対話も大切になる。それは、自らが自らのエピソードの読み取りを深め、より納得可能な育ちのストーリーを模索していくためにである。しかし、保育者がそのような内的対話を豊かにするためにも、その基盤にはやはり自らのエピソードをめぐる他者（書物も含めて）とのそれまでの豊かな対話体験が大切な足がかりとなるように思われる。

　保育者のエピソード記録が、つねに自他間や自己内での対話に開かれているとき、エピソードをとるという保育者の行為は、子どもを〈みる〉力や子どもを保育〈する〉力へ、それがさらに質の高いエピソードをとる力へと相互循環的につながっていく大切な契機になるように思われる。

Ⅱ部　子どものことば

　Ⅱ部では，〈わたし〉の発達という視座から，子どものことばの育ちに焦点を絞ってとりあげる。じつは，ことばの獲得はことばが出現する以前の自他間の情動一体的な交感や交換に基盤がある。そして，しだいに自他の内的な世界が分かれ，自我が芽生え，保育の場（集団生活）において自我が異質な他者性と出会うといったなかで，そのような〈わたし〉の発達を契機として伝え合うことばが育ってくるのである。その過程を6，7章にわたって論じている。8章では，園における仲間との生活のなかで，伝え合うことばの育ちと身体性の連関を問題としてとりあげている。ある研究会での事例から，異質な他者性をもつ仲間のからだと響き合い，つながっていく関係の形成が，伝え合うことばを生成していく契機や基盤となっていくことを考察している。9章では，幼児期における話しことばを一次的ことばから二次的なことばへの育ちとして捉え，その二次的な話しことばが書きことば習得への契機ともなっていく過程を描いてみた。さらに最後の10章においては，〈わたし〉の名前がどのように理解され，ヒトのパーソナルな名前がモノの名前の理解といかに異なるのかを，自己の育ちと連関させながら発達的に考える。

6章　ことばが育つということ
　——〈わたし〉の発達という視座から

1　自他の交感から交換へ

　新生児も，自己のからだが周りの他（モノやヒト）と違うことは早くに知覚しているという。しかしながら，未だ自他の間（あわい）は流動的で未分化であり，自と他が相互浸透的に共鳴・共振し合う根源的に共同的な存在としてある。新生児にもみられる共鳴動作（co-action）や，産院における伝染泣きといった現象にもそのことはうかがえる。しかし生後2ヶ月頃から，他のなかのモノとヒトが区別されるようになってくる。ヒトはモノと違って，自己と同じように主観をもった存在であることが理解されてくる。そして，ヒトとの間では相互に見つめ・微笑み合うといった間主観的な情動的交感がみられるようになる。やがて同時的，一体的な情動の交感から，その基盤の上に「母親が声をかける→乳児が微笑みながら声で応じる→ふたたび声をかける→微笑みながら声で応じる…」といった情動を共有しての継時的な交換（やる・とる）が始まる。これ以降，自他間での対面的なやりとりはしだいに活発なものになってくる。発達心理学者のバウアー（Bower, 1977）は，愛着とは特定の他者との間で，特定の交換関係のパターンが成立してくることに他ならないと述べる。そうすると，愛着の成立とは，まさに特定の他者との間での情動的な〈やる・とる〉関係が成立してくるプロセスと密接につながることになる。じつは，ことば以前に出現するそのような交換こそ，ことばによる「やり⇔とり」が成立してくる基盤となるのである。ここに，ことばでのやりとりの原型があるように思われる。その意味では，養育者との愛着関係の成立こそ伝え合いとしてのことばを獲得す

る重要な基盤となり，その出発点ともなるのである（岩田，1998，2001a）。

2 他者性との出会い──自他の分かれ

　生後8，9ヶ月頃には発達的な変化がみられ，それまで子どもはモノとかかわるか，ヒトとかかわるかといったいずれかの二項的な関係しか取り結ぶことができなかったが，自己，他者（ヒト），対象（モノ）という三項的な関係を取り結ぶことが可能になってくる。モノを介してヒトとかかわる，ヒトを介してモノとかかわるという三項的な関係が成立してくるのである。自他の関心が向かうところは必ずしも同じでないことが理解され，他者が注意を向ける対象を追従して自己もみる，逆に自己の関心ある対象に他者の注意を向けさせるといった形で，その関心を共有する対象を介して自他のやりとりができるようになる。

　自他の志向性（関心）に違いがあることへの気づきは，必ずしも自分と関心が同じではない他者の差異性との最初の出会いでもある。だからこそ，三項的なかかわりのなかでその違いを埋め，ふたたび他者との一体的な共同性を何とか取り戻そうとして，伝達意図を伴った身振りや音声が生成されてくるのである。そのなかでも指さし（pointing）は，その有効な手段として使われる。1つは，相手の注意を自分が取って欲しいモノに向け，〈あれ，とってよ〉と指さしを道具的に使う試みとしてなされる。もう1つの指さしがある。それは，他者とモノゴトへの関心や興味を共有するための指さしである。たとえば，自分が何か面白いものをみつけたとき，「ほら，こんなのあるよ，みて」と，自分の関心や興味を相手と共有し合うために使う指さしである。このように指さしは，まさに自他がふたたび共同の意味世界を作り出していくために使われるのである。このような三項関係のなかで，伝達意図を込めて身振り（指さしなど）や音声を使用する，相手の身振りや音声からその伝達意図を読み取るといったやりとりが出現してくるのである。

3　三項的な関係のなかで——自己言及の始まり

　1歳半ばの頃，自己性の認識がみられるようになる。自己性の認識とは，他者をながめるかのごとくに自身を客体的な対象として捉えることである。そのことは，鏡に映る自分の像を自身の似像として認識できるようになってくることからもうかがえる。それは対象としての自己への言及（自分を名前で呼ぶ，自分の行為にコメントするなど）を可能にし，また行為主体としての自己の意志（volition）を意識化させていくことにもなる（岩田，1998）。

　また1歳を過ぎる頃には，ヨチヨチ歩きが始まり，しだいに自分の足（意志）で移動可能になってくる。そのような自立歩行に伴って，文字通りの自律（autonomy）への欲求，行動主体としての独立心といった感情が芽生え，それらの欲求は強くなってくる。しかし，母親からの離脱にともなって分離不安が生じ，そこで母親への再接近を試みるようになる。しかしながら，母子の三項的なやりとりは楽しいものばかりとはならない。自立歩行によって子どもの行動範囲や行動可能性が広がると，ときに母親の要求を無視して自分の意志通りにしようとして，しばしば「ダメ」と母親の禁止や拒否に出会うようにもなってくる。そこで，子どもにとっては自分の思い通りにならない母親をはじめて体験することになる。それまでの自分にとってもっぱら良い母親（good mother）が，自分の思う通りにならない母親，自分の思いを邪魔する悪い母親（bad mother）にもなるといった，両義性をもった分裂した存在となって立ち現れてくるのである。この頃，そのような悪い母親への拒否や否定が，「イヤ」といったことばとなってみられるようにもなる（岩田，2001a）。そのような表現の出現こそ，母親が他者性をもって子どもの前に立ち現れてくることの証である。

ことばによる伝え合いへ

　指さしは，差異化していく自他の世界を共有する有効な手立てとして登場す

る。しかし、この指さしは、言語の獲得によってしだいに指示的なことばへと置き換わり、指さしといった身振りは伝え合いの副次的な手段へと移行していく。じつは、ことばの習得もそのような三項的な関係のなかでなされる。三項関係のなかでモノへの注意を共有する（joint attention）だけでなく、養育者はそのモノへ意味づけ的に働きかける。それを子どもがまねるといったやりとりのなかで、そのモノへの行為を共有（joint action）していく。モノへの感覚運動的な意味づけ行為を共有していくのである。その際、養育者はモノへの意味づけ行為を無言でするわけではなく、同時に「ブーブ」といったことばかけを伴わせている。このような三項的やりとりのなかで、養育者の「ブーブ」という音声が共有する意味づけ行為と重なり、その音声が共有する意味を表す記号であることに子どもは気づいていく。そして、自分もその音声をやりとりのなかで使ってみようとするのである。

そのようにして、1歳になる頃には「ワンワン、ブーブ、マンマ」といった初語がみられるようになる。さらに1歳半ば頃には、2語、3語の連語表現がみられるようにもなる。この連語表現の出現は文法化の始まりでもある。そして、この頃から2歳にかけて語の爆発期と形容されるほどに語彙も急激に増加してくる。

このようなことばの発達は、自他の内的世界の分化によってさらに促されることになる。自己性の認識が成立することによって、1歳半ばから2歳にかけて自己を客体的な対象として捉え始めると、感情、知覚、生理といった自身の内的状態への言及が始まり、自他における内的状態の差異への言及もみられるようになる。そして、自他の内的状態の差異が認識されてくるがゆえに、自身の感情や欲求を相手に伝える必要性も生じてくる。それが、伝え合うためのことばの習得を促す契機となり、そのなかで自他の内的状態の違いをさらに思い知らされ、そのことがさらに自他を伝え合うことばの習得を促していくことになる。

1歳を過ぎ自分の足（意志）で移動が可能になると、子どもの知りうる体験世界は飛躍的に拡大する。そのことも自己の伝えたい内容を増し、それが時

間・空間的に分節化した表現を可能にする連語表現の習得へと拍車をかけることにもなる。

　ことばが出現する以前にも，子どもは愛する他者（養育者）と共同の世界を取り戻そうとする試みを始める。伝え合うことばは，そのような試みの基盤の上に成立してくるのである。ことばも，先述の指さしと同じような2つの機能に沿って発達してくるように思われる。1つは，自分の要求を実現するために他者を道具的に動かそうとすることばの系である。それは他者に要求する，他者に主張することば，他者を説得することばなどの習得へとつながっていくように思われる。もう一方は，他者と自分の関心や興味を共有するためのことばの系である。それは，他者の注意を喚起することば，他者にモノゴトを注釈・解説することば，さらには自己の体験を物語る（ナラティブ）ことばなどの習得へとつながっていくように思われる。言語習得の過程では，この2つの系が複雑に絡み合いながら，それが初期の言語習得のパターンに個人差をもたらすように思われる（Bates et al., 1988；岩田, 1990）。

4　自我の芽生えとことば

　2歳半ば頃には自我が芽生えてくる。他者とは対置し，他者とは違う絶対的で恒常的な自己の視点を打ち立てようとする，そのような独自な自己の世界が成立してくるのである。それまで一体的であった母親から心理的に分かれて，子どもは自分なりのつもり（意図）をもつようになり，自分の行動を自身でやりくりしようとする中核的な自我が形成されてくる。その結果，子どもは自分なりの思いやつもりを「ぼくが…する」「～ちゃんがするの」と頑なに主張し貫き通そうとするようになる。それまでのようには親の言う通りにならなくなってくる。いわゆる第一次反抗期であり，そのような自我をもった自己が誕生してくるのである。

　自我の芽生えによって，子どもは養育者とは違う自分なりの思いやつもりをもち，それを主張するようになる。それは，〈考えている，想像している，信

じている，期待している，知っている〉といった自己の心的状態が自覚されてくることでもある。3歳になる頃から4歳にかけて，そのような心的状態に言及する動詞（mental verb）が発話のなかに出現し始め，しだいに増加してくる。そのような独自な自己の心的世界への気づきは，それを他者に内緒にする（隠す）自己が誕生するということでもある。すなわち，自己が内なる自己と外に向かう自己に二重化してくるのである。それにともない，内なる自己の世界を守るために他者を欺く，他者に嘘をつく（騙る）といった言語行為も出現し始める。他者から隠そうとする内緒の自己の成立こそ，他者と対置し他者から区別される独自な自己の内界が誕生してくることでもある。

　この嘘を騙(かた)るは，やがて物語(かた)る（narrative）ためのことばの育ちにつながっていくように思える。ブルーナー（Bruner）によると，3歳の頃には自己の体験を時間的・因果的に物語るための言語表現が習得されてくるという。この頃はまた，質問期と称されるほど「なんで？」「どうして？」と盛んに質問するようになる。それは，事象間の因果的な関係を「なんで？」「どうして？」と問い，子どもなりに出来事を「〜だから，こうなって，こうなったから，つぎにこうなった」といった因果関係によって理解しようとする認識の育ちを示しているように思われる。3歳後半には，まだ単純なものではあっても因果的なストーリー絵本の筋を理解し，それを楽しむことがみられるようになってくる。ことばによって紡がれる物語の想像世界へしだいに開かれていくといってもよい。

　他者とは違う独自な自己の絶対的な視点（自我）が誕生し，そのことによって，その我を周りに主張することば，他方では自己を隠すために嘘を語ることば，さらに自己の体験した出来事を時間的・因果的に物語ることばが育まれていくのである。

5　園という新たな場のなかで——共同の生活のなかで

　やがて子どもは園という集団に入る。そのような環境への移行が，さらにこ

とばの発達を促していく契機となっていく。子どもにとっての園という場の意味を考えてみよう。既述してきたように、他者性への出会いはすでに養育者との間でも始まる。しかし園では、見知らぬ保育者や多数の仲間という圧倒的な他者性を経験する。自分の思い通りにはならない、自分の思うにまかせない、圧倒的に異質な他者（他者性）とそこで出会うことになるのである。園のなかで、他児とのかかわりが活発になるにつれて、子どもは他者の異質な他者性を体験していくことになる。保育所では幼稚園より早くから集団生活に入るとしても、子どもがそのような出会いを体験するのは、やはり他児とのかかわりが活発になってくる年少の3歳児頃からではないかと思われる。

自分とは異質な他者ゆえに

　園での他者性との出会いは、子どものことばを育む契機となるが、それではどのようにことばが育まれていくのであろうか。園では異質な他者が関与する共同の生活を作っていかなければならない。そのためには、そこでどうしても他者と交渉していくことばが必要になってくる。そこで子どもから育ってくることばについて考えてみる。
　(1) その1つは、遊びや生活のなかで仲間との共同の関係を作っていくことばである。それはいくつかの側面に分けられる。
　①一緒に遊ぶには、異質である自他の要求や思いを伝え合うことばが必要になってくる。そして、遊びのなかで他者と折り合いをつけていくことばが求められる。そこでは、自分の思いや考えを相手に分かるように伝え、相手の言い分にも耳を傾けて理解し、さらにそれを受けて自分の言い分を話すといった交渉が必要になるからである。
　年少児でも「入れて」「貸して」と相手に頼むことばを身につけていくし、年中児には、モノの貸し借りなどの場面で「〜でよかったら入れてあげる」「〜をしたら貸してあげる」「〜をしたげるから貸して」と譲歩や交換条件を出しながら交渉するといったことばでのかけひきもみられるようになる。言語的な交渉において相手が断ると、たんに「貸して」を繰り返すのではなく、何

とか貸してもらえるように頼み方（条件）をいろいろ変えてみるといった工夫もみられるようにもなってくる。

◆年中の男児が女児に「貸して」といって断られる。すると男児は「ちょっとだけ貸して」というが、また「あかん」と断られる。「10分だけ貸して」「1分だけ貸して」と言うがそれでも「あかん」と断られ、ついに貸してくれない女児のモノを手にしたため、その女児に頬を叩かれる。真っ赤になった頬をみた保育者が女児に事情は聞いたが、それでも相手を叩いたらいけないことを言うと、「（自分が）1回叩いたら（相手は）2回叩かはった」と言い訳する。　　　　　　　　　　　　　　　　　　　（1月）

また、遊びのなかでいざこざが生じると、それぞれが自分の言い分を述べ合いながら問題を解決していくことばも求められる。さらに年長児には、仲間同士が共通の目的に向かって協力・協働し合いながら遊ぶために、みんなで意見を出し合い・工夫し合っていくためのことばが必要になってくる。このように仲間との遊びや生活を作る必要性が、仲間と交渉することばとか仲間と一緒に協同することばを育んでいく契機となるのである。

②自他が異質なゆえに、自他の世界をつなぎ・共同化していくことばだけでなく、他方では自己の内界を他者から守ることばが必要になってくる。たとえば、知られたくないので嘘をついて隠す、自分が都合の悪いことは聞かない（聞こえない）ふりをする、自分にとって都合の悪い事実を省いたり歪めて語る、自分を防衛するために弁明・釈明するといったようなことばである。いずれも保育者にはあまり感心されないことばかも知れないが、このようなことばの使い方を学ぶことも、またことばの育ちなのである。

③仲間との関係を作っていくとき、それぞれの仲間がどのような行動傾性や人格特性をもっているかを把握することは、仲間とかかわっていく際に相手の行動を予測する有効な手立てとなる。筆者のエピソード観察によると、年中児になる頃には「いつも泣く」「いつもパンチする（乱暴）」と、他児の行動傾性に言及することがみられ、また「あの子はやさしい（親切）」「意地悪や」「こ

の子は〜の天才や」といった人格特性への表現も前後してみられるようになってくる。もっとも，松永（2005）は保育園児において，3歳児の頃に「意地悪」「悪い人」といったような内的特性への言及がすでにみられ始めるという。年長児にもなると，「あの子とあの子は仲がよい（悪い）」「〜ちゃんと〜ちゃんはラブラブや」といった仲間と仲間との関係性に言及することばもみられるようである。

（2）自他それぞれが体験する出来事は私的（private）である。それゆえに，私的な自分の出来事を他者にも聞いて欲しい，それを一緒に共有して欲しいという欲求が強くなってくる。それまでの「みて，みて」だけでなく，年中児になる頃には「聞いて，聞いて」と，自分の私的な体験や出来事を保育者や仲間に話したがるようになる。この頃から，遊びや共同活動の合間に井戸端会議のように仲間同士で体験談を語り合う姿もみられる。

そこでは〈こんなことがあって，それからこうして，それでこうなって，そのときじぶんはどんな気持ちや思いであったか〉などと，ストーリーのように出来事を物語る（narrative）ことばが必要になる。一連の体験を，開始（発端）→展開→終結といった時間的な前後や因果的な関係によって語ることばである。それによって私的な出来事を仲間と共有することが可能になる。くしくも4歳頃から，生活史としての自己の自伝的なエピソード記憶が可能になり，年中児にはそれを回想的に語り始めるようになり，その語りは年長児になるとますます巧みなものになってくる。

（3）自他の内界が異質なゆえに，仲間と遊びの世界をつくり・楽しむためには，それらの世界を共有することばが必要になってくる。たとえば，共有する遊びのイメージを作っていくためのことばである。年中児には「これ（ここ）は〜ってことにしよう」「ぼく〜役する」「私は〜役」と，見立ての宣言や役割の分担をしながら1つの共有イメージを織り合わせていくことばが必要になってくる。年長児になると，クラスのみんなでアイデアや意見を出し合いながら協同的な遊びを作り上げていけるようにもなってくる。また年中児でもみられるが，年長児になると遊びのなかで文字による表記を一般的に使うようになっ

てくる。たとえばお店の名前，メニュー（料理名），「いりぐち」「でぐち」といった場所の表記などだけでなく，注意書き，遊び方の解説などがみられる。このような書きことばも，遊びのイメージを共有して楽しむ大切な手立てとして使われるようになり，それが書きことばの習得を促す契機ともなる。

　このようなごっこ遊びだけではない。子どもは年少のときからストーリー絵本を語り聞かせられる。子どもたちはそこで語られる想像の世界を仲間と一緒に楽しみ，それに触発されてごっこ遊びが始まることもみられる。自分でも面白いお話が書かれている絵本を読んでみたい欲求が高まり，それが文字の学びへの契機にもなってくる。年長児になると，絵本の世界をみんなと一緒に楽しむだけではなく，自分でストーリーのある絵本を作って年少児に語り聞かせる，口頭で想像のお話を語り合って楽しむといった活動もみられるようになる。絵本で語られる想像世界を仲間と一緒に楽しむ，そのような想像の世界を作り出すためのことばの獲得が促されるのである。

6　まとめに

　この章では，ことばはなぜ生成してくるのか，いかにして子どもに獲得されてくるのかというメカニズムについて考えた。考えてみると，そもそも，ことばは〈わたし〉の思いや要求・欲求を他者に伝える手立てとして発生してくるのである。すると，そのようなことばの発生や発達には，まさに，その〈わたし〉という自己の成り立ちや，その発達が不可分な契機として連関していることが想像される。おそらく最初は，赤ちゃんは自他が未分化であり，情動的にも身体的にも養育者との一体的なつながりのなかに生きているのであろう。それを根源的な共同性と呼んでもよい。そのうち，他とは区別される自己性に気付き，やがて他者とは違う〈わたし〉という自己の世界が誕生してくる。いわゆる自我が芽生えてくるのである。そして，自他それぞれのもつ異質な内界に気付き，異質な多数の仲間と共同の生活を作っていくといったなかで，さらに自他の独自な心的世界に気付かされる。このように，自他の世界がそれぞれ固

有の個として分化していくなかで，その引き換えとして，自他の根源的な共同性は断ち切られ個立化していくことになる。そこで，異質な自他の世界にふたたびつながり（共同性）を回復していくためには，それをつなぐための手立てが必要になってくる。それが，伝え合うためのことばなのである。自他の世界が分化していくほど，その隙間をうめることばが必要になってくるのである。このように，固有な自己の発達や自他の世界の分化といったことを背景として，ことばの発達や獲得はなされていくように思われる。

　保育の場において，そのような視点からことばの発達や育ちを考えるとき，ことば自体の指導もさることながら，他方においては，その基礎となる自己の育ち，他者の理解の育ちといったことを育む機会や体験の場をいかに作っていくかが大切な保育の課題にもなってくるように思われる。

7章　幼児期のことばの育ち

　それでは，共同の生活のなかで幼児期のことばはどのように育まれていくのかを発達的にながめてみる。

1　年少児という時期──自己中心性

　ことばによる会話が始まると，まず母親は子どもの発話意図を汲み取りながら，その伝えたいことをことばで補い・膨らませながら会話をリードしていく。そのようなやりとりのなかで，子どもは自分の要求や思いを伝えることばを学んでいく。やがて3歳の頃には，母親となら自分なりのことばで会話的なやりとりを主導的に行えるようにもなってくる。この2歳半ばから3歳にかけては，ことばの習得において大きな転換の時期として位置づけられる。3歳頃にかけては，語彙も増加し，統語面でも日常的なやりとりには困らないほどになってくる。日本語の文法の基本が習得されてくるとも言われる。まだ誤用はみられるとしても，発話のなかに日本語の基本的な助詞，助動詞の活用，動詞の活用などが出揃ってくるのである。このようにして3歳児は会話年齢とも呼ばれるほど日常的な会話には困らないようになってくる。

会話年齢とはいうが
　入園して，そこで圧倒的な他者性と出会うことが，さらにことばの習得や使用技能を促していく。他者が関与する共同の生活では，相手と交渉することばが必要になってくるからである。しかし3歳の入園当初は，まだ自分の要求や関心を主張することだけに懸命な時期である。他者の要求や関心とはあまり関係なく，自己中心的に振舞うといった行動が特徴的である。このような心性は，

年少児期に共通する一般的な特徴としてみられる。したがって，先に会話年齢と形容したが，その能力はまだ限定的なものである。子どもを熟知する養育者との間でなら会話的やりとりが可能になるが，子ども同士では会話を展開していくことがまだ難しいのである。養育者は，独りよがりな子どもの表現に耳を傾け，その発話の意味や意図を汲み取りながら，それにわかりやすい適切なことばで応答する。だからこそ，まだ相手の身になって話す力が弱い3歳児であっても，養育者となら会話的なやりとりが可能になってくるのである。しかし，子ども同士ではそうはいかない。それぞれがじぶんの思いだけを一方的に言い合うだけで，会話的なやりとりをすることが難しいのである。

テニスにおけるラリーに会話をたとえてみると分かりやすい。テニスを始めたばかりの初心者では，お互いがボールをあてることだけに精一杯である。相手のことを考えるどころではない。その結果，ラリーどころか，とんでもない方向に行ったり来たりするボールを草むらに捜し合うだけで終わってしまうことになる。しかしテニスに熟達した人は，初心者が打つボールの行方にすばやく対応し，今度は初心者が受けやすい場所にゆるいボールを返す。だからこそ，初心者でも熟達した人とならテニスのラリーをある程度続けることができるのである。会話のやりとりも同じである。その意味では，子どもの未熟なことばを受け止め，それに適切なことばを返しながらやりとりする保育者の存在が会話行動の育ちに大切なことが推測される。

このように子ども同士の会話的やりとりはなかなか難しく，園では保育者と子どもの1対1の会話的やりとりが中心である。つぎのエピソードは，まさに年少児期にみられる典型的な会話の特徴を示している。

◆朝登園してきたM子は出席シールを貼ってから，保育者にゆっくりと話し出す。

M子「お山のぼりの帰りおかし買ってもらってん（2日前にファミリー登山があった），それから1人でお風呂入ってん，みなこちゃんと，えりちゃんにお手紙書いてきてん，Mな今日な，風邪ひいてるからポロシャ

ツ脱いだらあかんねん」
保育者「そう，じゃあ脱がなくていいよ」
　そこに，R子，S子やK男やF男がつぎつぎと登園して「おはようございます」とあいさつしたり，保育者の肩をポンポンと叩きながら微笑む。
R子「Mちゃんの家，行ったことあるねん」
　それに保育者がうなずく間もなく
S子「先生，髪の毛切ったん？」（保育者は前日に髪の毛を切っていた）
保育者「かわいくなったかな」
R子「かわいい，先生ぼうず」（にやにやしながらおどけて言う）
K男「Kなディズニーランド行ってん，そんで何か買ってもらってん」
　（K男は1週間ほど前にディズニーランドに旅行していた）
H男「先生，散髪したん？」
保育者「そう」
H男「見て，どんぐり拾ってきてん，道にまだあんねん」
H男（どんぐりを見ているS子に）「道にまだあんで」と話しかける。
　早くから登園している，先ほどのM子は，ぼうしとカバンをまだ身につけたままうろうろしている。

　　　　　　　　　（中略）

　H男とS子は手をつないで庭に遊びにいく。着替えをみせにきたR子も「おそとにいってこよう」と行く。しかしM子は着替えようとしないで，まだぼうしも被ったままぐずぐずしている。皆が庭に遊びに出てM子と保育者が2人になる。すると，それを待っていたかのようにまた話し出す。
M子「先生，So（兄）はむし歯になってるけども，Ko（妹）はむし歯になってないねん」と家族のことを話し始める。そこにY男が遅れてやってくる。
Y男「おはよう，遅かったやろ」
保育者「ちょっと遅かったね，どうしたん？」と聞くが，それに返事はなく借りていた服を返しに行く。そこへKa男が黙って部屋に入ってきて

手紙入れの前で封筒をもったままじっと立っている。
Y男「今日のお手ふきタオルこれ」と保育者にみせにくる。
M子（やっとカバンから園内着を出し）「ゆづきちゃん（別のクラス）と同じお月様の天使やねん」と，園内着のアップリケの話をしだす。するとY男が会話をとるように保育者には話しかける。
Y男「カバンのなかに何かついてんで」
保育者「それなに？」
Y男「クレヨン」

　M子は登園してから30分以上たっていたので，とうとう担任も「Mちゃん，ポロシャツの上でいいから園内着を着ておいで」と声をかける。すると，安心したかのように着替えはじめる。着替え終わったM子，Y男，K男は，保育者をみながら嬉しそうに部屋をぐるぐる走り回っている。K男はピアノの下に赤いブロックがあるのをみつけ，それを取り出し，Y男とブロックをめぐりやりとりしている。その間隙をぬって，M子はまた保育者に家であった出来事を話し続けようとする。そこへ庭からの「ドングリみつけた」と言うS子の声を聞き，M子もナイロンの袋をもって庭へかけて行く。
　　　　　　　　　　　　　　　　　　　　　　　　　　　　（10月末）
　　　　　　　（第19次プロジェクトチーム岩田班・研究紀要，2011から）

　それぞれの子どもは，自分のことを保育者に1対1で聞いてもらいたいのである。このエピソードでも，保育者を聞き手として占領したい子どもがつぎつぎと話しかけてくる様子がうかがえる。そこでは基本的に，保育者と子どもの1対1の個別的なやりとりが中心であり，そこへ仲間が参入して会話が広がっていくという形態はほとんどみられない。それぞれの子どもが，先行する仲間と保育者のやりとりにはあまり関係なく，とにかく自分が保育者に聞いてほしいことを話すといった調子である。登園してきたM子は自分の話を保育者に聞いてもらいたいが，つぎつぎやってくる仲間に保育者をとられ，朝の着替えもしないまま30分も待ち続ける。やっと皆がお外に行ったのを見計らって，また

先ほどの続きを保育者に話しかけようとする姿は印象的である。このエピソードで興味深いのは、H男が「先生、散髪したん？」と保育者にたずねる箇所である。これは、すでに先行するやりとりでS子が保育者に尋ねて明らかになったことである。したがって、H男は髪の毛を切ったかどうかの事実を確かめるためではなく、保育者を自分との会話に引き込む手立てとしてその質問を使ったように思える。その証拠に、保育者が「そう」と返答するが、それに続いてH男は「見て、どんぐり拾ってきてん、道にまだあんねん」と、それにはまったく関係ないことを話そうとしている。先行するやりとりにおいて、S子の「先生、髪の毛切ったん？」に保育者が「かわいくなったかな」と応答する様子をみて、保育者を自分との会話に引き込むための方略として、まず先生の髪のことを同じようにS子にならってたずねただけのことである。これは10月末のエピソードであるが、やはり保育者と子どもの1対1の会話的なやりとりが中心であり、そこから子ども同士の会話へとつながり拡がっていくことはみられない。

〈わたし〉が中心に

　年少児では、保育者との会話でも自分の話したいことを一方的に話すだけで、なかなか相手からのことばを聞くことが難しいようである。そのことが、会話のなかでのひとりよがりな発話や、思い込みの強い聞き方となっても現れる。ときに相手の発話も自分の思い（要求や関心）に同化して聞いてしまうといった、思い入れの強い聞き方がみられる。

　◆遠足の前日、3歳児クラスの担任だった保育士が、子どもたちを集めて明日のお弁当についてつぎのように話しました。「明日は遠足だから、お母さんにお弁当をつくってもらい、それを持っていくのよ。おにぎりかな？　それともサンドウィッチ？　それともおすし？　どれでもお母さんに好きなものをつくってもらいましょう。」
　ところがある子どもは家に帰ると「先生がサンドウィッチにしなさいっ

て」と報告し，ある子は「おむすびも，サンドウィッチも，のりまきもみーんなもっていくんだって」と伝え，親を仰天させたそうです。

(今井，1995より)

　これは，自分の願望（主観）に同化して話の内容を都合よく歪めて理解してしまったエピソードである。もっとも，われわれだって自己の主観という枠組みをくぐらせて聞くという宿命からまったく自由なわけではないが。しかし年少の頃には，相手の話の内容を客観的に理解しようとするより，ときに自己の欲求や願望といった主観が発話の理解に大きく影響してしまうのである。

　3歳頃から意図的に嘘をつけるようになることは既に述べた（6章参照）。しかしこの頃，他方では自己の強い願望や欲求が，実際にはなかったことを，現実にあったかのように混同して語らせてしまうといったことがみられる。これは自己の内的世界を隠すための嘘でもないし，子どもには嘘を騙っているという意識もあまりない。この頃には，たしかに実物の対象と心的に思い描かれた対象（イメージ）が区別されるようになる。にもかかわらず，強い感情（願望，欲求，不安…）がその区別を混同させてしまうようである。

　◆6月末の防火教室で，幼稚園に消防自動車がやってきた。子どもたちは真っ赤で大きな消防車を前にして興奮気味である。消防員が「消防車みたことある？」と子どもたちにたずねると，ある年少児は横にいる私に「ある，火事みたことある」「Rの家火事やったんやで」と答える。私が「いつ？」と聞くと，「きのう」と答える。　　　　　　　　　　　　（6月）

　担任に確かめると，もちろん昨夜に家で火事などはなかったそうである。しかし目の前の圧倒するような消防車をみて，子どもにとってこんな消防車が自分の家にもきたらよいのに，と思ったのであろう。その願望が，「きのう，消防車が家にきた」「家が火事だった」といった発話を思わず産出させたのである。この頃，同じような例はよくみられる。昨日は幼稚園に来ていたにもかかわらず，仲間のディズニーランドへ行った体験を聞くと，「ぼくもきのうディ

ズニーランド行った」と実際に行ったかのように話す。「昨日サンタクロースが家にきた」と話すので,「サンタってどんな人だった」と尋ねると,あたかもみたかのように話すといった姿である。強い願望や欲求の感情によって,いかに現実と想像との境界があいまいになってしまうかは,ごっこ遊びにもみることができる。「三匹のこぶた」「おおかみと七匹のやぎ」といった絵本を読み聞かされたあと,恐いおおかみがこぶた(小やぎ)を襲うというごっこ遊びで,保育者や実習生がおおかみになって迫真的に「ワオー」と子どもたちを追いかける。すると,ごっこと知りながらも本当に恐くなって泣き出してしまう子どもがみられるのも年少児である。〈うそっこ〉と〈ほんと〉の境界が,強い感情によって流動的になり,まだ〈うそっこ〉がたやすく〈ほんと〉のごとくになってしまうのである(岩田,1998,2001a)。

　年少児では,それぞれが勝手に自分の思いを言い合うだけに終わってしまう。これでは,仲間と一緒にうまく遊ぶことがなかなか難しいのである。ごっこなどの遊びを一緒にしても,仲間とイメージを共有して遊ぶことが難しいのである。同じ場で一緒にごっこ遊びをしているようにみえても,よくみるとそれぞれが好き勝手に遊んでいるという姿がまだ一般的である。たしかに年少児といっても入園当初と,その多くが4歳になってくる頃では様子が違ってくる。年少児も後半にはお気に入りの友だちもできてくるし,その友だちとのピクニックごっこや病院ごっこもみられるようになる。月齢の高い子どもなどが「ピクニックに行こう」と声をかけ,その指示の下に数人がリュックサックにミニチュアの食べ物をそれぞれ詰め込む,ダンボールの電車に乗って移動する,電車から降りて床に座り食べ物を出して食べるといったごっこ遊びの姿もみられる。しかし,そのようなごっこ遊びがみられるとしても,そのメンバーがお互いにイメージを共有しながら遊びを展開していくことはなかなか難しいようである。岩田(1998)は3歳児のおうちごっこからもそのような特徴を明らかにしている。つぎにあげるエピソード(無藤ら,1986)は,修理屋さんになったつもりのAくんと冷蔵庫にバターを入れているつもりのBくん,それぞれの遊びイメージが食い違ったまま物別れに終わってしまった例である。

Ⅱ部　子どものことば

◆ごっこ遊びにおける3歳児の会話
A「すいません，ちょっと，洗面器壊れました」
B「壊れません。ここにバターがあります。(と言って，レンジをさわる)」
　(Aが冷蔵庫をさわる)
B「冷蔵庫は，バターがたっぷりありますから。」
　(Aは冷蔵庫を開けてみる。)
B「ほらね」(とAに近づく)
A「何にもないじゃないの。」(ばかにしたように笑う。)
B「いいのバターがあるのに，嘘っこに。」
A「そいじゃね，どこが悪いんですか。」
B「どこも悪くありません，うちんちには」(略)
A「ちょっとね，臭いしてみます。」(と言って，レンジに耳を当てる。)
　　　　　　　(中略)
A (レンジから耳を離して)「あっ，ちょっとこれ，芯が悪いですね。」
B「芯はね，芯はね，芯というのはバターのことです。」
A「芯は，悪いです。」
B「バターがでてくるの，こっちから。」(と言って，レンジをさわる。)
A「じゃあね，これは…」(と言って，レンジをさわる。)
B「ソレハネ，バターがでるとき，お水をだすんです。(レンジを示しながら)ここはバターをくむんです。ここは，お水をだすんです。」
A (レンジに手を掛けて)「ここは，ちょっと壊れてますね。」
B「帰ってください」(とAに向かって大声で言う。)

ここでは物別れに終わってしまったが，それでも一緒に遊び続けるには，相手に自分の考えや思いを話し，友だちの考えや思いも聞きながら，双方がイメージを共有して遊べるようにそれぞれのイメージを織り合わせていかなければならない。それがこのエピソードのようにまだ難しいとしても，このような仲間との衝突や対立の経験こそ，他者の異なる要求や思いを知り，自分の要求

7章 幼児期のことばの育ち

表7-1 カスタネット課題における年齢ごとの反応タイプの人数（%）
（麻生, 2002）

	回　　答		
	カスタネット（正答）	ミカン（誤答）	その他（誤答）
年少児（26名）	5 (19)	15 (58)	6 (23)
年中児（40名）	17 (43)	17 (43)	6 (15)
年長児（26名）	17 (65)	8 (31)	1 (4)

や思いと織り合わせていくことばの発達を促す契機となっていくように思われる。

図7-1 皿に載ったカスタネット
（麻生, 2002）

　自他の心的状態には言及し始めるが，年少児ではまだまだ自他が未分化であり自己中心の心性が強い。高松らの研究（麻生，2002）はカスタネットを皿の上にのせ，実験者が一方のカスタネットをミカンに，他方をドーナッツに見立てて子どもと遊ぶ（図7-1）。その見立てが理解されていることを確認した後で，友だちの名前をあげて「〜ちゃんを呼んできて，〜ちゃんに『これ（たとえばミカンに見立てているカスタネットの皿を示し）何？』って聞いたら，〜ちゃんなんて言うかな？」と質問する。「わからない」とか無答であるときには，「〜ちゃん，ミカンって言うかな？　カスタネットって言うかな？　ドーナッツって言うかな？」と尋ねた。とうぜん友だちはその見立ては知らないのでカスタネットが正答になる。表7-1をみると，正答は年少児（平均4歳2ヶ月）では19％に過ぎず，年中児（平均5歳3ヶ月）には43％と増加してくる。年中児にとってもまだ難しいが，とくに年少児では見立て遊びの場にいなかったのに友だちも自分と同じように見立てていると考える自己中心的な心性が強いようである。このことは，ミカンと答える誤答タイプが年少児で多いことからもうかがえる。この研究からは，仲間が抱く違うごっこのイメージを顧慮しながら遊ぶのが年少児には難しいことが示唆される。

　年少児期には異なる自他の心的状態への言及がなされているにもかかわらず，

まだ自他に未分化なところがあり，相手も自分と同じように考え，思っているに違いないと自己の世界に中心化してしまうのである。したがって，一緒に遊ぼうとするとそこで衝突や行き違いを体験することになる。一緒に遊ぶためには，それぞれの違う思いに気づき，それを折り合っていかなければならない。そのためには，同じ場にいてもそれぞれに独自な考えや信念をもち，それに基づいて行動する他者の心の理解が求められる。このような異質な他者の心の理解こそ，その自他の異質性を埋めていくことばの育ちをさらに促していくように思われる。

2　年中児という時期——他者の心の理解

　他者性に出会うが，年少児ではそこで自分の思いや要求を一方的に押し通そうとしまだ一緒に遊ぶことは難しい。しかし仲間と一緒に遊びたい欲求は強くなる。その欲求を実現するには，相手の声（要求や思い）を受けとめながら，それと自分のものとの折り合いをつけていかねばならない。それには，自分とは違う他者の思いを考えるといった他者の心の理解が必要になってくるのである。そのような心の理解が，年中の頃には育ってくるようである。すでに1章でも触れたが，アンとサリーという誤信念課題（p.12参照）の研究は，そのことを示唆する。自他が同じ状況にいても，それまでの経験の違いによって，ときに他者は誤った信念や考えをもつことがあり，他者はそのような誤った信念に基づいて行動するといったことの理解である。追試的な研究（岩田・藤井，1995）によっても，このような課題で誤った信念に基づいた他者の行動予測が確かになってくるのは年中児から年長児にかけての頃である。実際の生活文脈においては，たえず子ども同士の会話的なやりとりが交わされ，そこで他者の考えや信念の違いに気づき，もう少し早くにも，そのような信念と行動の結びつきを知るのであろう。しかし，年中児になるとそのような心の理解が自覚的に形成されてくるように思われる。そして，そのような他者の心の理解をもとに，いかに仲間との遊びを作っていくかといったことが年中児にとっては大切

7章 幼児期のことばの育ち

な課題になってくる。つぎのような年中児のエピソードをながめてみよう。

　◆登園したC男は，朝の用意もしないまま，すぐにおもちゃ棚の積木でロボットを作っている。横の机で遊んでいたA男とB男に「あのさぁ，朝の用意まだしてへんからさ，遊んだらあかんのに」と崩され，C男はおもちゃのコーナで泣きそうになっている。その様子をみていたフリーの保育者が事情を聞くと，A男とB男は，「いっつもCは言うこと聞いてくれへんやん」とか「だって，まだ用意（朝の用意のこと）してへんし，おれらはロボットは嫌やってん」と理由をもちだす。そしてA男とB男は「お寿司屋さんがよかったのに」と言う。C男は「でもさあ，嫌やからゆって，壊さんでもいいやんか」と涙ぐむ。

保育者「そうやなあ，せっかく作ってたの壊されたら嫌な気持ちがするよね」
C男「うん」（A男とB男は気まずそうにしている）
C男「嫌やってんや！　やりたくないって，壊さんといて」
A男「だっていっつも俺の言うこと聞いてくれへんし」
保育者「A男くんとB男くんはお寿司屋さんがよかったけど，C男くんがロボット作ってて嫌やったんか」
A男「うん，だってご用意してなかったしさ」
保育者「なるほどね。ご用意してから遊ぶのがお約束やもんね」
A男とB男「そうや」
保育者「でも，だからって作ってたのを壊されたら嫌じゃない？　A男くんもB男くんも，遊ぼうと思って作ってるのを壊されちゃったらどうかな？」
A男とB男「え，嫌や」
保育者「そうなんや，C男くんも嫌やったんちがう」に，A男とB男は「…ごめんね」と納得はできていない様子で謝る。

　そこで保育者は「どっちもやりたいことがあるみたいだし，何して遊ぶ

かを3人で話し合って決めてみたら？」と提案する。その後，担任の保育者がやってくると，3人はいままでの経緯を伝えようと一生懸命に説明しだす。その横で，自分たちが使っていた積木の所でS男とD男がコースや坂を作って遊び出している。それをみたB男はC男を意識するように，S男やD男に向かって「これ，ロボットのお寿司屋さんやで」と言う。

C男は（積木をみて考えていた様子で，しばらくして）「今日はやらへんわ…」（C男は本当はロボット作りのみがよかったようだった）

B男「この前やったで，ロボット」

A男「わかった，順番交代にしよ！」と提案するがC男は納得できない様子である。

保育者「どうしたらいいかな？」と，3人に声をかける。

B男「じゃんけんにしよ！　じゃんけん〜」

B男（しかし，じゃんけんに負けると）「やっぱりやめよ」

　　C男はさらに不機嫌な様子である。保育者が再び，それぞれの思いを代弁し，「どうしたらよいか」を考えさせるように声をかける。C男は黙って考えている様子である。しばらく見守っていると，

C男「わかった！　じゃあ山しよ！　それやったら皆好きやろ？」と，合意が成り立って3人で外に行き山作りをして遊ぶ。　　　　　（10月）

（第25回近畿地区私立幼稚園教員研修大阪大会の分科会資料：吉川恭子による，2010）

　ロボット作りをしたいC男の気持ちを察し，そこでB男は「これ，ロボットのお寿司屋さんやで」と，それとなく折衷的な遊び案を提案する。しかし，どうしてもロボット作りがやりたいC男に「今日はやらへんわ」とせっかくの折衷案を拒否され，B男は自分も寿司屋ごっこの妥当性を「この前やったで，ロボット」とふたたび主張する。相方のA男も「わかった，順番交代にしよ」と，間接的にB男の主張を援護する。それに黙っているC男をみて，B男はふたたびC男の気持ちを和らげるかのように「じゃんけんにしよ！」と，新しい提案

7章　幼児期のことばの育ち

をする。このような再提案のなかに，何とかC男とも一緒にごっこ遊びをしたいというB男の思いがうかがえる。ついでながら，この3人はよく喧嘩もするが仲良しの遊び仲間だそうである。B男はじゃんけんで負けてしまい，自分からの提案にもかかわらず「やっぱやめよ」と，やはりお寿司やさんにこだわるB男の姿はまだ年中児らしい。もし年長児なら，おそらく我慢しても約束を守って遊んだであろう。このように，ロボット作りかお寿司屋さん遊びの二者択一に固執していたのでは二進も三進もいかず，保育者からの介入もあってそれを察したC男は「それやったら皆好きやろ？」と，第3の新たな山遊びを提案し，それには3人ともが納得して山作り遊びが始まったのである。このような会話的なやりとりのなかに，一緒に遊ぶために相手の思いを考えながら交渉・工夫していくことばの力が育ってくる姿をみることができる。もう1つ，やはり年中児のエピソードをみてみよう。

◆N子の母親の実家からの柿を頂いた。翌日登園したN子に保育者がその話をする。

保育者「Nちゃん昨日ありがとう。Nちゃんのお母さんに柿いっぱいもらってんで…，おばあちゃんがとったの？」

N子「え？　うん！」

保育者「すごくたくさんあったよ，Nちゃんもとったん？」

N子（笑顔）「うん」「それでな，ポイッて投げるねん（投げる動きをしながら）」

保育者「え？　柿投げるの？」

N子「食べられへんのをな，ポイッて投げるねん（また投げる動作をする）」

　横で聞いていたY男が，「投げる」ということばと，N子の投げる動きに興味をもったらしく（Y男は野球が大好きで阪神ファン，とくに投手の藤川のファンである）

Y男「え？　何投げるん？」

Ⅱ部　子どものことば

　　N子「ん？（笑顔）」
　　保育者「柿を投げるんやって…」
　　Y男「え！」（投げる動作をする）
　　　そこで保育者がN子に冗談のつもりで尋ねる。
　　保育者「カニにぶつけるの？」
　　N子「？？？」と，質問の意味が分からない様子であり，それに応えない
　　　まま朝の身支度のため向こうへ行ってしまう。
　　Y男「あっ，知ってる！　さるが，つぼに入るねん」
　　保育者「そうやな～カニさんが柿の種植えるねんな～」
　　　　　　　　　　　　　（中略）
　　Y男「Mちゃん休みやねんで…夜になったら，熱がぶわーって（手を広
　　　げ），朝になったら，いい感じやねんけど…」
　　保育者「早く良くなったらいいのにね」
　　Y男「うん，うん，そうやな～（少し考えて）Eくんが好きやからな～」
　　保育者「え？　そうなん？　なんで知ってるの？　Eくん言うてたん？」
　　Y男「ううん，わかるもん」とニコニコしながら言う。　　（10月）
　　　　　　　　　　（第19次プロジェクトチーム岩田班・研究紀要，2011から）

　保育者とN子の会話から聞こえる「投げる」ということばをきっかけに，Y男はその会話のなかにうまく参加していく。そこにもコミュニケーション能力の育ちがうかがえる。保育者は，柿を木から投げるというN子の表現からサルカニ合戦を連想して，冗談のつもりでN子に「カニにぶつけるの？」と尋ねる。しかしN子には，それまでの会話脈絡からの突然の飛躍で，その発話意図が分からないまま「？？？」と保育者との会話を中断して去っていく。他方のY男は，いちはやく保育者の発話意図を察して，サルカニ合戦の話題を共有して会話を続ける。このように個人差はみられるが，年中児になるとこのような位相をずらした発話者の意図を察して素早く応答することもできるようにもなってくる。このエピソードからもう１つ育ちをうかがうことができる。それは「E

くんが（M子を）好きやからな〜」「わかるもん」というY男の表現からである。園生活のなかで，仲間の行動傾性や性格特性に言及することは年少児の後半にもみられ始めるが，このような仲間同士の関係への言及は年中児に入ってであろう。仲間の特性，仲間と仲間との関係性がことばによってしだいに概念的に捉えられるようになってくる様子がうかがえる。

他者の心を代弁する

　身振りや表情などから相手の気持ちを考える・他者の心を察する力の育ちは，会話のなかでもさまざまな形となってみられる。代弁するといった言語行為もそうである。

　◆5〜6名の年中の男女児が園庭にある木小屋でお家ごっこをしている。筆者はじっと立って観察していたので，ときおり木小屋の柱に手をやって体を支えるようにしていた。小屋の横には子ども用の椅子があり，観察の途中チラッとその椅子に目をやったときに，お家ごっこをしている男児の1人と目が合った。すると，即座に「すわっていいよ」と声をかけてくれた。　　　　　　　　　　　　　　　　　　　　　　　　　　　（6月）

　◆お家ごっこのコーナーで数人の年中児が遊んでいる。うちの1人の男児が絵本をみながら「うっ」と笑いを抑えるような仕草をしている。筆者がどんな場面をみているのかのぞくようにすると，それに気づいて「みせてあげようか」と声をかけてくる。それをみると，『ぬぬぬ（五味太郎作）』という絵本で，女性らしい黒いお化けが風呂から出てくる絵が描かれている場面であった。　　　　　　　　　　　　　　　　　　　　　　　　（6月）

　前者のエピソードでは，ずっと立って観察していた筆者が〈そこに座りたいな〉と思っているという気持ちを察して声をかけてくれたのである。後者のエピソードでは，どんな絵なのかをみてみたいと思っている筆者の気持ちを察して「みせてあげようか」と声をかけてくれたのである。

◆プランターにふうせんかずらが植えてあり，小さな葉っぱが出てきた。保育者が「雑草ぬいて」と年中児に言いながら小さな草を抜いている。子どもたちもならって，「先生，これ雑草？」「これも雑草？」「これは？」とたずねながら抜いている。あとからやってきたある子どもは，抜こうとする葉っぱが雑草かどうかをたずねたそうであったがタイミングが合わず，保育者はその場を一時的に離れてしまう。その子どもも葉っぱを抜かないままプランターから離れていなくなってしまう。この様子をみていた男児の1人が，プランターに戻ってきた保育者に「〜くん，こんなんして（覗き込むように）みていたけど，先生これ何だと思う？」とたずねる。

(6月)

このエピソードも，「この葉っぱは何？」と聞きたい仲間の気持ちを汲んで，代わりに自分が保育者にたずねるといった言語行為としても捉えられる。

◆年少児のB子はA子たちの遊びに入れてもらおうと「わたしも入れて！」と何回も頼むが，そのたびにA子に「アカン」と言われる。B子は保育者に気づいて，「先生，アカン言われた」と訴えるように言う。保育者は「遊びたいのにな，もういっかい聞いてみたら」とアドバイスする。B子は「よせて」とふたたび頼むが，A子に「アカン」と断られる。そのやりとり遠くからをみていた年長児のT子（保育者によると，ひとりっ子で自己の言い分ばかりを主張するじぶん中心的なところがあり，仲間とのかかわりがあまりうまくない。大人を相手にかかわることを好む幼児である）が，近くへやってきてA子のそばによると「もう，そろそろ，仲間に入れたり，きっとこの子（B）はAちゃんが大好きで，どうしても一緒に遊びたいと思てるねんで…」と，B子の気持ちを代弁するかのように声をかける。それを聞いてA子はびっくりした様子であったが，B子を遊び仲間に入れる。T子はその様子を見届けて向こうへ行く。

(11月)

このエピソードでは年少児の遊びをみていた年長児が，「もう，わたしも遊

びの仲間に入れて」というB子の気持ちを代弁するかのように「もう，そろそろ，仲間に入れたり」と代弁的に表現している。ここには，もう1つの代弁があるようにも思える。この表現はA子とB子のやりとりを横でみていた保育者自身の気持ちをも代弁したものではなかろうか。保育者の気持ちを察しながら，保育者に代わってT子がA子とB子との関係を代弁的に調整しようとしたのではなかろうか。ここでは，会話の状況を察した年長児らしい調整的な代弁行為の育ちがみられる。

一般的に年中の頃には，子どもが保育者の気持ちをいち早く察して代弁してくれるといったことがみられるようになる。

◆保育者が1人だけみんなに合わせられないSに向かって「Sくん，みんなでお話聞いてからっていったでしょう」と言う。それを聞いていた園児AとBがSに向かって言う。A「Sは，赤ちゃん組にいってほしいな」，B「ほら，Aくんが赤ちゃん組に行っちゃえって言ってるよ」と言う。

（鯨岡，1995）

ここでのA男とB男の発話は，S男に対する保育者の無意識の気持ちを読み取り，あたかも保育者の気持ちを代弁するかのようになされている。さらに年長児にもなると，より複雑な行動も出現してくるようになる。次のエピソードは，仲間に告げ口をされたら，それを聞いた保育者が自分を叱るであろうことばを代弁的に予測した上で，叱られる前にあらかじめ先手をうって弁明に行くといったものである。

◆積木で一緒に遊んでいた年長の女児2人がもめ始めた。一方のK子がその場を去ろうとしたとき，他方のR子がその背中を蹴る。蹴られた女児は怒り「先生に言うから」と，担任の保育者がいる方に向かって歩きはじめた。その様子をみたK子はR子を追って謝っているようであるが，R子は聞く耳をもたない様子である。するとK子はR子を追い越して，先に保育者の元に行き，事情の次第をじぶんから弁明的に説明しようとする。（10月）

3 年長児になって——他者の心の理解が深まる

　年長児に入ると、他者の心の理解はさらに深まってくる。そのことがことばの発達にも反映されてくる。

間接的な発話行為

　子どもは会話のなかで、直接的な表現で相手に要求を伝えるだけではなくなる。年長児には、婉曲的・間接的な発話表現（indirect speech）によっても要求を伝え合えるようになる。それらは、あからさまな表現を避け相手への遠慮の気持ちを示す、あえて間接的な表現によって表現効果をねらう…といったさまざまな理由に基づいてなされる。したがって会話的やりとりでは、そのような間接的な表現から、その発話者の意図を汲み取ることがより必要になってくる。まさに発話の文脈から相手の気持ちを察する力が、この汲み取りには必要となってくるのである。

　　◆年長児クラスでは劇と遊戯のグループに分かれて、発表会へ向けての練習をしている。遊戯グループのあるL子は、みんなとの練習で皆に合わせてうまくできずお荷物的な状況である。そんな仲間の女児が「～Lちゃん、劇行けばいいのに、声とかも大きいし」と、自分たちグループのお荷物であると遠回しに嫌味を言う。　　　　　　　　　　　　　　　（11月）

　このような間接的な要求表現に込められた相手の真意を汲み取ることができないと、ときに会話はすれ違ってしまうことになる。以下2つのエピソードは、いずれも運動会リレーの練習場面における年長児のものである。

　　◆クラス対抗リレーの練習で、（保育者によると）自己中心的なY子は、この日も走ることに興味なくのんびり走って、Y子のグループは赤白黄の対抗リレーの練習でビリになってしまった。グループの仲間からは「Yのせ

いで抜かされて負けた」という声がささやかれる。そんな声にもＹ子は無頓着である。そのときＡ子がＹ子に近づいていった。保育者はＡ子がＹ子に嫌味や不満を言うのかと一瞬思ったが，Ａ子はＹ子に「こんなふうにして腕をふって」と走り方を教え，そんな風に一生懸命走ることをアドバイスした。つぎの対抗リレー練習では，Ａ子の言うことを守って一生懸命に走るＹ子の姿がみられた。しかし，またリレーではグループがビリになってしまった。それは，Ｙ子の後続の他の女児がバトンの受け渡しに失敗し，転んでしまったためである。Ｙ子はその転んだ女児のところへ行き，「あんたがこけた（転んだ）し負けたんや」と責めるように言う。言われた子どもは思わず泣き出してしまった。　　　　　　　　　　（9月）

◆運動会に向けてリレーの練習をしている。広汎性発達障害が疑われるＳ男は，グループの他の仲間が対抗意識をもってせっかく走っているのに，我関せずとゆっくり走っている。またＳ男の白組は一番ビリで負けてしまった。つぎにふたたびグループ対抗をするために並ぶが，同じ白組のＫ子はＳ男に近づいて「Ｓくん，赤組に行ってくれへん」と，やさしい口調で言う。やさしく言われたＳ男は，「うんわかった，赤組行けるで」と自分の帽子を裏返し赤にして，ニコニコしながら赤組の列の後ろに行く。
　　　　　　　　　　　　　　　　　　　　　　　　　　　（10月）

　前者のエピソードは，Ｙ子はＡ子のアドバイス通りに手をしっかりふって走る。その意味では，Ａ子のことばはメッセージとして伝わっている。しかしＡ子のことばかけの背後には，もう１つのメッセージが込められている。それは，本当は文句を言いたいのを抑えたＡ子の配慮や思いやりといった言外のメッセージである。しかしながら，そのようなＡ子の気持ちは伝わっていない。さもなければ，転んだ仲間に「あんたがこけたし負けたんや」といった表現をしなかったのではなかろうか。アドバイスの背後に，Ａ子の配慮や思いやりを汲み取っていれば，Ｙ子も転んだ仲間にもっと配慮や思いやりを込めたことばをかけたのではなかろうか。これは必ずしも間接的な発話の例ではないが，アド

バイスの背後にあるもう1つのメッセージを汲み取るには，他者の心の理解が必要になることを示唆している。後者のエピソードは，S男はK子のやさしそうな発話に潜んでいる意図（いつもSのせいで負けるから他の組に行ってほしいと思う気持ち）を汲み取れないために，ニコニコしながら腹も立てずに素直に赤組に行ったのである。

2つのエピソードとも，相手の発話の表面的な字義的意味の理解ではなく，その発話の背後に込められた発話者の気持ちをうまく読み取ることができなかったエピソードである。年長児の頃には，直接的な要求発話に加えて，このようなもう1つの会話力が必要となってくるのである。相手の間接的な発話からその発話意図を汲み取り，他方で他者を慮って遠回しに要求を言う，婉曲的に言うといった間接的な表現が求められるようになる。

　◆今日は年長児の園外保育で，5人のグループごとにその先頭の子どもが旗をもってでかける。あるグループの先頭はM男である。目的地についてそのグループのK男がカタツムリをみつけ「幼稚園で育てよう」と嬉しそうである。空になったおやつの袋に入れてもって帰ることになったがM男はじぶんが持ちたくて仕方がない。M男は「誰がもって帰る」と聞くが，皆は無言である。そこでM男は「今日，先頭の人がもって帰ることにしよう」という。グループのT男は「帰りの先頭は，Rちゃんやし，Rちゃんがもって帰るっていうことか？」と問い直すと，M男は「ううん，今の先頭がもって帰るっていうことにしいひん（しない）」と慌てたように言う。

(6月)

M男は自分が幼稚園へカタツムリをもって帰りたいのだが，それを直接には言わないで「先頭の人がもって帰ることにしよう」と，婉曲に間接的な表現によって主張する。「帰りに先頭になる人か」と言われて，自分の発話意図が理解されていないようなので慌てて「今の先頭の人（自分のこと）」と直接的な要求表現へと切り替えている。

つぎのエピソードは，子どもが保育者に向かって間接的な要求発話を行って

いる例である。

◆屋上でサッカーをしていた年長児のK男が先生の所へやってきて「先生！　サッカーボール，学校（隣接している中学校）へ落ちた」と言いにくる。これは，〈取りに行きたいが，一緒についてきて〉という保育者への間接的な要求表現である。保育者は，（その発話意図をわかりながら）はっきり言わない子どもに「まあ，それは大事件，大変やね」と受け流して，他の子どもたちとしていた作業へ戻りかける。するとK男は「先生，取りに行くの，一緒についてきて」と遠慮気味に切り出す。それを聞いて先生もやれやれといった様子で一緒にボールを取りに向かった。　　（12月）

このエピソードでは，直接的な表現ではっきり話してほしい保育者のねらいと一致しないために，自分の発話要求は実現しない。ここでも，しかたなくK男は直接的な要求表現に切り替えている様子がみられる。

このように，とくに年長児になると会話のなかで間接的な要求発話をするとか，相手の間接的な要求発話からその意味を察するといったやりとりが一般的にみられるようになってくる。したがって，そのような会話の力が育っていないと，ときに仲間との微妙なやりとりが難しく，仲間とのやりとりもトンチンカンなものになってしまうのである。

表現意識の育ち

　会話のなかで相手の気持ちを察する力こそ，代弁や間接的な要求発話の理解や産出を可能にしていく。それだけではない。相手の立場になって発話しようとする表現意識を育んでいくことになる。自らの表現への意識は年中の頃からみられるようになるが，年長児にはそのような表現意識がさらに明らかなものになってくる。たとえば，ことばで教えるといった行為は年中児にはみられるが，それでも教えた相手が分からない様子であれば，それまでの説明をより分かりやすいように換えるといった工夫は，やはり年長児で一般的になるようである。つぎのエピソードは，教え方を仲間間で工夫していくといったものである。

◆年長児が遊戯室で縄跳びを跳ぼうと練習している。T男もやってみるが難しい。その様子をみて仲間の1人が「おしいな，もうちょっとゆっくりまわして，縄をよくみて…」などと説明しながら跳び方の要領を教えている。R男は「Tくんよりもっと早く飛べるで」と，その横で半分自慢げに跳び方のモデルを示してみせる。それでもT男はなかなかうまく跳べず，腰をかがめて縄が回しにくそうで，縄を回すと同時にタイミング悪く飛び上がってしまうT男の様子をみながら，M子は「1つだけポイントがある。おじいちゃんみたいにせんと，まっすぐ！ 縄がみえたら跳ぶ！」とたとえを使いながら跳び方のコツを伝えようとする。　　　　　　（10月）

　教えるといった言語行為にも，そのような表現意識をみることができる。エピソードのなかで，M子のように比喩（たとえ）を交えながら跳ぶコツを理解しやすいように教えるといった修辞的な表現の工夫がみられる。会話のなかで，明らかに効果的な表現をねらって工夫するといったことがみられるようになってくるのである。さらに比喩表現のみならず皮肉表現も理解されるようになってくる（岩田，1998）。また会話的やりとりのなかで，冗談っぽく駄洒落や軽口をたたくといったようなこともみられるようになる。

◆年長児がお餅つきをみているが，臼のなかでしだいに餅になってきた様子を，K男が「チーズみたいになってきた」と言うと，他児も何とか違うものに喩えることを競うように「納豆みたい」「ゴムみたい」「ゴム跳びのゴムみたい」などと声をあげる。　　　　　　　　　　　（1月）

◆数人の年中児が部屋のガスストーブの前に陣取り「さむいな」と言っている。筆者が「子どもは風の子」と声をかけると，子どもたちは「子どもは火の子」と混ぜ返す。　　　　　　　　　　　　　　（2月）

　前者のエピソードは知覚的な類似による単純な比喩ではあるが，人よりうまく喩えて表現しようとする意識の現れをうかがうことができるであろう。なるほど，粘土などをこねながら「へび」「これ～みたい」などと，自分で見立て

遊び的に喩える表現は年少児にもみられる。しかし生活のなかで、状況や出来事を相手に分かりやすいように喩えるといった表現行為は、やはり年中児から年長児にかけて質量とも増加し、その表現はしだいに巧みになっていく。赤と緑のステンドカラーが混ざった様子を「この色とこの色結婚しとる」、降り止まない雪を見上げて「神様のウンチ、まだ終わらんね」といった比喩がみられる（岩田、1994b）。後者のエピソードは進級が近い年中児のものであるが、ストーブにあたっている自分たちを、本来の「風の子」というフレーズを利用して、それを「火の子」に言い換えて洒落てみせたのである。

このような表現意識は、自己の表現のメタ化への地平を拓いていく。これらは、自分の表現を自らが監視（モニタリング）しながら相手に分かるように話そうと意識する、逆に相手の表現を吟味しながら聞こうとする表現へのメタ意識の育ちとなって現れる。だからこそ、自らの表現を「ね、分かったでしょ」と相手に確認するとか、相手の表現を「何言ってるのかよく分からないから、ちゃんと言って」と聞き直すようになってくるのである。そのような表現への意識が、他者に分かるように話す・他者の話をしっかり聴いて理解するという言語能力の基盤をなしていくのである。

しかし表現意識にはもう1つの側面がある。それは相手の心情になって表現するといった他者への配慮である。こんな言い方は相手が傷つくといった表現への意識である。

　◆年長児が遊戯室において、前日にみてきた汽車の絵を描いている。F子は画用紙にハートがいっぱい飛んだ汽車の絵を描いていると、H子は「ハートばっかりや！」とダメ出しのようにいう。するとF子は少し怒った様子で「なんであかんの？」と言い返すが、H子「そんな汽車ないで！」という。F子はH子に「（じぶんが一番いいと思っている絵を描いているのに）そんなこと言われたら嫌やろ！」と、ふくれっ面で反論する。
　　　　　　　　　　　　　　　　　　　　　　　　（1月）

これは、気遣いを欠いた相手の表現に抗議している年長児のエピソードであ

る。逆に，このような言及のなかに，他者の気持ちを察して，相手が傷つかないような言い方（言い回し）を求める年長児の表現意識の育ちをみることができる。すでに年中児にもみられるが，本音を隠してお上手を言うといった言語行為も，このような表現意識につながるものであろう。

新たな他者の心の理解

　年長児になると，自分が考えていることを相手はどのように考えているかを考える，といった他者の心の理解も可能になってくる。『相手が考えていることを考える』といった心の理解から，『自分の考えていることを相手がどのように考えているかを考える』ことが可能になってくるのである。1章（p. 24）にあげたエピソードも含めて，その例を述べてみよう。

　　◆保育者は子どもたちと，モノの数え方をあてっこゲームのようにしてやりとりしていた。「～はどのように数えるの？」と，絵本や自動車，紙などをつぎつぎと例に出して，～個，～台，～ひきといった助数詞を子どもにあてさせていた。保育者が「じゃあ，鹿はどうかな？」と数え方を問うと，ある年長児はニヤッと笑って「鹿は奈良や」と答える。

　　◆年長のK子が「わたしのハンカチの色，何色だと思う？」と，なぞなぞのように訊いてくる。このようなクイズやなぞなぞをしかけてくるのは年長児によくみられる行動である。そこで，筆者は「ピンク」「みずいろ」…と色名をつぎつぎと推測して答えていたがハズレであり，結局は「今日はもっていない」というのが正解であった。　　　　　　　　　（10月）

　上のエピソードはいずれも同じやりとりの構造をもっている。子どもは『先生は〈ぼくが鹿をどのように数えるかを考えている〉と考えている』と考えて，あるいは『先生は〈わたしがハンカチの色をあてさせようと思っている〉と考えている』と考えて，いずれもその裏をかいて…といったやりとりの構造である。相手の予測をずらした応答をして楽しむといったエピソードであり，年長

児にはこのような会話のやりとりが可能になってくる。

　上のエピソードはいずれも相手の裏をかくといったやりとりを楽しむものであったが，相互の気持ちに配慮し合うような会話的やりとりもみられるようになってくる。つぎのエピソードは年長児のものである。クラスのみんなでクッキングのメニューを決める話し合いの場面から抜粋している。

◆「カレー」「きつねうどん」「お好み焼き」「あー焼きそばもいいな，野菜入っているから」「お好み焼きも野菜入っているで」と，つぎつぎに子どもから提案される。
保育者「そうか，なんかねT先生が事務所に海苔あるから海苔使ってできる料理何かしませんかって聞いてはったけど…海苔，海苔使ってできるもの何かないかな？」（しばらく近くの友だちと相談し合っている）保育者「あのー，何か思いついた？」
K男「おにぎり」
保育者「他には？」
K子「巻き寿司」
　　　　　　　　　（中略）
T男「手巻き寿司は？」と提案する。
Y男「あっ，手巻き寿司やったら，誕生日のとき食べた」
保育者「じゃあ，みんなが手巻き寿司で良いか聞いてみたら？」
T男「手巻き寿司で良い？」
　近くの友だちと相談しているようで少しざわつく。
T男「みんな手巻き寿司で良い？」と聞いてみる。数人から「うん！」，そしてほとんどの子がOKな様子，しかし…
K男「嫌や」
T男「じゃあ，手巻き寿司が良い人，手挙げて」と人数を確認する。（ほとんどの子どもたちが「はーい」と手を挙げるので，K男も同じように手を挙げる）

Ⅱ部 子どものことば

保育者「K男くん，良いの？」
K男「うん，手巻き寿司でいい」と答える。
　しかしF子だけ手をあげないで黙っている。その様子にK子が「Fちゃん手あげてないで」と気づき，M子も「Fちゃん嫌なん？」と聞いている。
保育者「Fちゃん嫌って言ってるけど，どうする？」と，みんなに問いかける。
　F子は海苔が嫌いということがわかって，他の子どもたちは，どうしようかと話し合う…。
H男「それやったらFちゃんは海苔使わんかったらいいやん，先生，良いか？」と提案する。
　その結果（保育者の了承も得て）クラスのメニューは手巻き寿司にするが，F子だけは海苔を使わずに普通のお寿司で良いということになった。しかしF子はその話し合いを聞きながら，まだそれで良いかを返事をしない。
H男「先生，それかお寿司やめて違うのん（違うもの）にする？」と，そのようなF子の様子をみて再提案する。
保育者「やめて良いの？」とみんなに向かって言う。
みんな「うん，良いよ」と言う。
　そのやりとりを聞いていたF子は「別に良いよ」と下を向いたまま小さな声でボソッという。保育者はF子に「Fちゃん，別に良いって？」とたずねると，F子「お寿司でも良い」と，少し顔を上げて，さっきより声が大きくなる。H男「ほんまに良いの？」，T男「そしたら手巻き寿司のまま良いっていうことか」，保育者「Fちゃん無理していない？」，数人の子どもからも「無理していない？」と同じようにたずねる。F子はうなずいて笑顔になる。保育者「では1つのメニューは手巻き寿司で決定，で良いかな？」で，みんなから「うん，よいよ」と声があがる。　（2月）
（第25回近畿地区私立幼稚園教員研修大阪大会の分科会資料：堤 礼子による，2010）

7章　幼児期のことばの育ち

　このエピソードにみられる会話では，H男は多数決をしたにもかかわらず黙ったままのF子の気持ちを気遣って「それかお寿司やめて違うのんにする？」と再提案する。F子はH男を含めた仲間（みんな）の思い遣りを気遣って，「別に良いよ」と返答する。ここでは，F子が『みんなは〈わたしが寿司を嫌だと思っている〉と考えて配慮してくれている』と考えたから，「別に良いよ」と返答したように思われる。それに対して「無理していない？」と，さらに仲間からそれを気遣うことばかけがあったのである。これは，仲間が『F子は〈われわれが気遣っていることを負担に思っている〉と考えて，「別に良いよ」と返答した』と考えたからである。それが分かるからこそみんなの「無理していない？」にうなずいてF子は笑顔で答えたのである。すこし複雑であるが，このような仲間との間にみられる相手への配慮，配慮への配慮といった他者の心の理解の深まりこそ，相手を思い遣ることばの生成を可能にしていくのである。

　◆年長児はグループごとに冬野菜の種をまく活動をしている。F男は土の入っている袋の口の結び紐をほどこうとするがなかなかうまくいかない。その様子をみていて，気をきかしたT子はハサミをもってくる。C男「ハサミ，Tちゃんがもってきたで」と言うと，すでにじぶんで紐をほどいたF男が「ハサミいらんで！」と言う。それを聞いてT子はガクッと肩を落とし，がっかりした様子でハサミを片付けに保育室に帰ろうとする。その様子をみてM子がT子に向かって「ちょっと待って！　いるときあるかも知らんから」と引き止める。　　　　　　　　　　　　　　　（10月）

　これは遊びのなかでみられた何気ない年長児の既述したエピソード（1章，p. 23）である。ここでの「ちょっと待って！　いる時あるかも知れんから」というM子の表現もそうであろう。F男の様子をみて，その気持ちを察してT子がはさみをもってくる。しかし，すげなくF男に「いらんで！」と言われてがっくりする。それをみていたM子が，『T子が〈F男はハサミを必要だと考えている〉と思って，F男にハサミをもってきた』と察して，F男に代わってM

子が「ちょっと待って…」と配慮のことばをかけたのである。F男の代わりに，そばにいた仲間のM子が配慮のことばをかけているという点では，先のエピソードよりも複雑ではあるが。

　年長児になると遊びのなかで，ことばで教え合い，仲間同士でことばを重ね合わせながら遊びを工夫するといった協働的な体験も可能になってくる。しかし，他方ではそのなかで相手を気遣う，その気遣いをさらに気遣うといった微妙な伝え合いのことばも育ってくるのである。

4　保育者のかかわり

　さいごに，保育者は子どものことばをどのように育んでいったらよいのかを考えてみたい。子どもへのかかわり方は，とうぜん子どもの育ちによって異なる。そこでクラス年齢によって必要な保育者の一般的な子どもへのスタンスについて述べてみる。

中継者として
　年少児ではまだ子ども同士の会話はなかなか難しく，たとえ仲間と一緒に遊ぼうとしても，ことばのやりとりによってイメージを共有して遊ぶことも難しい。つぎのようなエピソードからもうかがえる。

　　◆あまり会話もなく2人でごっこ遊びをしている子，お気に入りのおもちゃで黙々と遊んでいる子，それを傍観している子…そこに保育者がやってきて座り込む。
　　K男（さっそく保育者の所へやってきて）「目つぶって」
　　M子（保育者の手を触って）「手かして」
　　　（保育者が目を閉じるとM子は保育者のトレーナーの袖のなかにブロックを入れる）
　　M子「もういいよ」（K男とM子はニヤニヤ笑っている）

保育者（目を開け）「あれ？　服のなかに何か入ってる」
K男とM子（嬉しそうに笑顔で）「えへへへ…」
　　（保育者は袖のなかのブロックを出す）
K男（ふたたび）「目をつぶってや」
　　（保育者が手で目を覆うと，M子は皿にブロックを載せる）
M子「はい，食べていいよ」
　　（お皿に載ったブロックを保育者が食べるまねをするために取ろうとすると
　　お皿を引っ込める）
K男（おもちゃの包丁をもって）「赤ちゃんだから気をつけてね。これ危な
　　いからね」と，保育者の口にブロックをいれるふりをして「おいし
　　い？」と聞く。
保育者「おいしいよ」
M子（おもちゃのスプーンを担任の腕に当てて）「痛い？」
K男「注射です」とコメントする。
保育者「痛い！」
T男（ブロックで遊んでいたT男が少し怒って突然）「かわいそう！」
M子「注射嫌い？」と，保育者に問いかける。
保育者「うん」
K男（保育者の足に布をかけて）「はい，先生は寝ててね」
H子（先ほどのM子をまねて）「はい，注射」
T男（それをみて）「痛いって！」とH子に怒る。
K男「入院してください」
　　　　　　　　　　　（後略）　　　　　　　　　（1月）
（第25回近畿地区私立幼稚園教員研修大阪大会の分科会資料から：円城寺美
香による，2010）

　年中も近くなってくるこの頃でも，保育者を相手として遊ぶが，子どもはそ
れぞれの遊びイメージを共有することがなかなか難しい。同じように病院ごっ

Ⅱ部　子どものことば

こをしているが，それぞれが違う別々の遊びイメージで保育者にかかわっているようであり，子ども同士の遊びや会話がなかなかつながっていかない。また，このエピソードで興味深いのはＴ男の言動である。Ｋ男，Ｍ子と保育者は，病院ごっこという遊びの文脈で遊んでいる。しかし部外者のＴ男は，Ｋ男の注射に保育者が「痛い！」とふりで言うと，「かわいそう！」と怒った口調で保育者に同情し，そのあとＨ子がＭ子をまねて「はい，注射」と言った際にも，傍から「痛いって！」とＨ子に抗議する。隣でブロック遊びをしていて，その病院ごっこという遊びの文脈に入っていないＴ男には，保育者の「痛い！」といったことばや他児が注射を打つ仕草をごっことして捉えることが難しいのである。おそらく年中児なら，部外者であってもそれがごっこ遊びの文脈であることを理解し，そのごっこ遊びに自分も共犯的に加わっていくであろう。このＴ男のような言動にも，遊びのイメージを共有することの難しさをうかがうことができる。

　したがって保育者にとっては，子どもとの会話や遊びをいかに他の子どもたちへとつないでいくかといったことが大切になってくる。

　◆ある女児が人形を抱いて「もう時間がなくてもいいの（意味不明）」と言いながら部屋のなかを回り始める。それをまねて３〜４人の女児も同じようにそのあとをついて，「もう時間がなくてもいいの」と言いながらぐるぐる回る。速度をあげてぐるぐる回っているだけである。それをみた保育者は他の子どもにとって危ないので，「どこまで行くの？」と声をかけ，さっと椅子を縦に６つほど並べてそこに座らせる。「先生も乗せて」と一番後ろの椅子に座り，「どこまで行くの？」とふたたび声をかけると，子どもの１人から「アメリカ」という声が返ってくる。「アメリカ！　遠くへ行くのね」とやりとりしていると，ちょうど隣のテーブルで木のカップに何かいれるふりをして遊んでいたうちの１人が，保育者にそのカップをもってくる。保育者は「あら，スチュアーデスさん，ジュースありがとう」と言いながら，「〜くんもお願いしますって」と頼む。そのやりとり

7章 幼児期のことばの育ち

をみていた，テーブルの子どもたちもまねてカップをつぎつぎにもってくる。椅子に座っている子どもたちからも「コーヒーください」「～もお願いします」と，やりとりをまねるように声があがる。　　　　　（5月末）

　このエピソード（1章のp.8-9でも紹介）において保育者は，子どもたちのぐるぐる回るだけの行為にみんなで乗り物にのってどこかへ行くといった意味付与をしている。さらに，ある子どもの発話から「アメリカ」への飛行機に乗っているという設定にする。それとは関係なく横で遊んでいた子どもが保育者にカップをもってきてくれると，その子どもを巻き込んでスチュアーデスさんが乗客に飲み物をもってくるといった脈絡を作り，そのなかに個別的な子どもたちの遊びをつなげ，そのなかで子ども同士の会話をつなげていく保育の実践がみられる。その意味では，この時期の保育者は，子どもたちそれぞれの遊びやことばをつないでいく中継者としての大切な役割を担うのである。

交通整理者として
　年中児になると，イメージを共有しながら仲間と遊びを作っていけるようになってくる。すると仲間との遊びの関係をつくる活動が活発になり，そこでのいざこざも増えてくる。しかしながら，まだ当事者同士で話し合ってそれを解決するほどの会話力は十分ではない。したがって，子どもはしばしば保育者の仲介・仲裁を頼むことになる。既述したが，ロボット遊びかお寿司屋さんごっこかという，やりたい遊びをめぐる年中児のいざこざエピソードを振り返っていただきたい（p.141-142）。そのエピソードにおいて，保育者が仲介する際の子どもたちへのことばを拾い上げてみた。「嫌やからゆって，壊さんでもいい」→「そうやなあ，せっかく作ってたの壊されたら嫌な気持ちがするよね」，「だっていっつも俺の言うこと聞いてくれへんし」→「A男くんとB男くんは，お寿司やさんがよかったけど，C男くんがロボット作ってて嫌やったんか」，「うん，だってご用意してなかったしさ」→「なるほどね。ご用意してから遊ぶのがお約束やもんね」，「そうや」→「でも，だからって作ってたのを壊され

161

たら嫌じゃない？　A男くんもB男くんも，遊ぼうと思って作ってるのを壊されちゃったらどうかな？」,「嫌や」→「そうなんや，C男くんも嫌やったんちがう」…といった仲介に入ることばのやりとりがみられる。なお，左が子どもの発話であり，それに対してなされた保育者の仲介的発話が右側に示されている。それらをみると，保育者の仲介には当事者双方の気持ちを確かめ，それぞれの言い分や気持ちを聞き，それを代弁・翻訳しながら双方に伝え合う，そして相手の気持ちをお互いに考えさせるといった典型的なプロセスがみてとれる。そのような保育者の仲介によって，双方のもつれた思いや感情が交通整理されるのである。この時期には，このような仲間との遊び作りの関係を調整していく保育者の役割が重要になる。その意味で，保育者は子どもたちの関係作りを調整していく交通整理者として大切な役割をになうのである。じつは，そのような保育者の仲裁的調整が，やがて子どもたちが自分たちでいざこざを解決していく際のやりとりのモデルになっていくのである。

司会者として

　年長児にもなると，もはや保育者が介入しなくとも，子どもたちでいざこざを解決していくとか，みんなでアイデアや工夫を出し合いながら自分たちで遊びを作り・展開していけるようになってくる。つぎのものは，すでに2章（p. 33-36）のなかでもあげられたエピソードではあるが，ここでふたたび引用してみよう。

　ある園では，年長児ばら組の子どもたちが自分たちでごっこ遊びのお店やさんを作るということになった。保育者が「今から何を作るか決めていこうか」と問いかけると，ばら組のなかでは「おばけ屋敷がしたい」「巨大迷路が作りたい」と意見が分かれる。みんなで話し合った結果，2つを合わせたような「おばけ迷路」を作り，そこへ年少組さんや年中組さんをお客さんとして招くことになった。その取り組み（11月初旬から12月の始め）においてみられたエピソードであるが，少し長いので抜粋的にみてみる。

◆おばけ迷路をつくろう
保育者「おばけ屋敷って行ったことある？」
Ko男「めっちゃこわーいねん」
S子「ミイラもいるねん」
保育者「ミイラって何？」
Me子「昔の箱に入っているおばけ」
To男「(時計の)長い針が3になったら箱が開いて出てくるねん」
Ko男「かちかちかちかち…（時計の音）」
Y男「かさこぞうもいる」
保育者「かさこぞうって何？」
To男「かさこぞうってな，目が1個しかないねん」
Yu男「足は1つしかないねん」
R子「ひとつめこぞうや」
保育者「え？　どんなの？」
R子「これぐらいの目が顔に1個あるねん」
O男「ゆうれいもいるで」
To男「おばけいるで」
保育者「ゆうれいとおばけちがうん？」
To男「ゆうれいはライトもってるねん。そんでな，足があるねん。おばけは足がない」
Ko男「手がふらふらしてるねんな」と，身振りでやってみる。
I男「足ないで。飛んでるんやから」と，Ko男に向かって言う。
Mo子「ろくろくびいるで」
保育者「それはどんなの？」
S子「首がのびよるんよ」と，手で首を作ってそれを上にあげるふりをする。
R子「そんなん作れるか？」
To男「作れるよ」

Ⅱ部　子どものことば

I男「首を太くしてな，出てくるようにしたらいいねん」

To男「首を太くしてな，割り箸つけて誰かが後ろからわーっとのばしたらいいやん」

Ma子「トイレットペーパーの芯をつなげて（首が）できる」

Ka男「ラップの芯の方が長くできるで」

To男「おばけの声の歌がいるな」

I男「う〜う〜」

O男「ふ〜ふ〜」

保育者「うわーもうおばけになってる人がいっぱいいる。こわ〜今日ひよこ組さんがいなくてよかったわ。こわがるもん」（兄弟学級の年少ひよこ組は遠足に行っている）

保育者「それでね，みんなみて，今日Jくんがいいものもってきてくれてん。ね，Jくん，みんなに教えてあげて」

J男「（白いビニール袋を広げて）この袋をうえからかぶっておばけに変身するねん」

R子「穴あけないと，前がみえへんよ」

To男「穴あけたらホントの目やってばれるやん」

Ha子「みえるかどうかやってみたら？」

To男「（白いビニールをかぶってみて）黒い物しかみえへん」

Ju男「（かぶってみて）ちょっとだけやなあ」

Ta男「つまようじであけたら（穴は）ちいちゃいで」

To男「あけすぎてほんとの目がみえたらばれるやん」

Ju男「それで黒い目をかいたらばれへんやん」

Hi子「こんぐらい（片手で○をつくる）」

R子「ろくろくびは，ダンボール長くして下に人が入ってもちあげたら？」

保育者「じゃあ，今日みんな言ってくれた物を作るのに何がいる？（イーゼルに材料を書き始める）トイレットペーパーのしん・ビニール袋…そ

れから？…明日，明後日とお休みだからお家に使える物があったら月曜日に持ってきてね」

そして，いよいよ「おばけ迷路」の開店日となった。今日は年中組と年少組がお客さんとしてきてくれる日である。

I男「げげげのきたろう，駅長さんに化けて「天国ゆき〜」と言いました」

Ma子「はい，次の人」と，入り口でお客さん（年中ぶどう組の子どもたち）を整理している。

R子「1，2，3，4，はい，ここまで」

O男「4人しかあかんねん」

Ma子「中が詰まっちゃうから…」

A子「あ，チケットある？」「はい，これ持っていってねえ」と，チケットを配る。

Rs子「ライトは持ってきて。（たぶん返しに来て…の意味）はい，にんにく。ドラキュラに見せんねん」

保育者「見せたらどうなるの？」

Rs子「（ドラキュラが）逃げていくから」

保育者「わかった。持っとくわ」

（中略）

ぶどう組全員が帰ったあと，部屋に集まり話し合いが始まり，人の悪かったことなどを口々に言い始める。

J男「Taくんが死んでなかった」

Ta男「えー，死んでたで〜」

保育者「1人ずつ言おうか」

S男「K先生がちょっと気になることを言ってた。Ta男が足の下に入って歩きにくいって」

保育者「どうしたらよくなるかな？」

Ⅱ部　子どものことば

　　O男「いのししみたいに（早く）行ったら危ないから，ちょっとだけハイ
　　　　ハイして（お客さんより）遅く（ゆっくり）行ったら？」
　　Ko男「遅くいっても足にぶつかるから，立っておどかすだけにしたら」
　　　数人から「そうや」の声があがる。
　　Ko男「ぶつかるのがダメやねん。ぶつからないようにしたらいい」
　　To男「おばけも，ぶつかりそうになったらよけたらいい」
　　保育者「よかったところは？」
　　R子「受付の人が，にんにくをどう使うかと教えてあげていた」
　　S男「こわかったって言った人（お客さん）いたで」
　　Sa子「おばけになって，『おまえを肉にしてやる～』って言ったのがこわ
　　　　くてよかった」
　　O男「こわがってた」
　　　そこへ，年中のぶどう組さんからお礼のお便りがくる。
　　　　　　　　　　　　　　　　　（後略）
（第25回近畿地区私立幼稚園教員研修大阪大会の分科会資料：安達かえでに
よる，2010）

　このエピソードをみると，子どもたち同士で話し合い，そこで仲間とことばを重ね合わせながらおばけのイメージを明確にしたり拡げたり，どのようにしてろくろ首を作るかといったことを工夫し合う…といった年長児らしいやりとりがうかがえる。そこでの保育者のことばかけに注目してみると，「今から何を作るか決めていこうか」「ミイラって何？」「かさこぞうって何？」「え？どんなの？」「ゆうれいとおばけ，ちがうん？」「それはどんなの？」と，これから作ろうとするお化けのイメージを明確にしていくことを促すような問いを投げかけるだけである。振り返りの話し合いでは，「1人ずつ言おう」「どうしたらよくなるかな？」「よかったところは？」と，子どもたちの自立的な話し合いを方向づけることばかけをするだけである。そこでは，まさに保育者は子どもたちが自立的に遊びや会話を展開していくのを促し，ときにそれを方向づ

ける司会者的な役割を担っている。その意味では，年長児の保育では，子どもたちの自立的な遊びや会話的やりとりを促し，励まし，見守るといった支援が求められるように思う。

　以上のように，伝え合うことばを育むには，その育ちに対応した保育者のかかわり方が必要になってくるのである。それらは，子ども同士をつなぐ中継者として，子どもたちの関係を調整する交通整理者として，そして子どもたちの会話的やりとりを方向づけ，見守る司会者としての役割的なかかわりである。保育者は子どもの育ちの状態を計りながら，それらの役割を適切に担っていくことが，子どものことばで伝え合う力を育んでいく大切な要件であるように思われる。

5　まとめに

　伝え合い（コミュニケーション）は，ことばが獲得されるずっと以前から始まっている。ところでコミュニケーションの動詞形であるコミュニケート（communicate）は，ラテン語のコミュニカレに由来し，これには2つの意味がある。1つは情報を共有するといった意味であり，もう1つは「共に楽しむ」といった古義があり，「楽しい」という情動を共有するといった意味が含意されている。すなわちコミュニケーションという行為は，もともと〈情報の共有〉と〈情動の共有〉という2つの意味をもっているのである（大井，2007）。

　そもそも，コミュニケーションは情動の共有から始まる。微笑み合い，声を掛け合うといった形で，非常に早くから情動の交感や交換による情動の共有をめざすコミュニケーションが始まる。この楽しい情動の共有こそが，ことばによるコミュニケーションの基盤をなすものである。情動を交換するなかで，乳児は楽しい雰囲気のなかで母親から善意に満ちたことばをかけられる。それが母親の音声へ関心を向けさせ，音声の記号的な意味に気づかせ，自分も同じようにその音声を使って楽しいやりとりをしたいと思わせる。まさに，楽しい情動の交感・交換こそが，ことばによるやりとりの出発点（基盤）になるのであ

る。そのようにして最初に獲得されてくることばは，まだ情動の共有の延長上にあるが，そのことばはしだいに情報の共有という新たな機能を担っていくようになるのである。しかし，情報共有としてのことばの機能を獲得しても，そのベースにあった情動の共有ということばの機能は依然として大切なものである。大井（2007）によると，認知症になりことばによる情報の共有機能は失っても，情動の共有機能は最後まで残るという。

　目を転じて園での会話的なやりとりをみると，そこでは情報の共有だけではなく，むしろ他愛のない保育者や仲間との楽しいお喋り，そのお喋り自体の楽しさを味わうといった情動の共有が多くを占めているのではなかろうか。じつは，そのような保育者と子どもとの，また子ども同士の楽しい会話こそ，ことばによって情報を共有するコミュニケーション力をも育んでいくことになるように思われる。その意味では，保育者は園生活のなかに楽しい子どもとの間の会話や，子どもたち同士の楽しい会話的やりとりの場や機会をどのように，どれだけ作っていくかということも大切になってくるように思われる。

8章　からだが響き合う・ことばがつながる
──ことばと身体性を考える

　子どもは園のなかで多様な他者に出会うなかで，その異質な他者と折り合いをつけていかなければならない。他者が自己とは異質であるがゆえに，そこに自他の世界をつなぐ，自他が共同の意味世界を構築していくためのことばが必要になってくるのである。しかし，そのようなことばによるやりとりの形成には，まず他者性をもった他者のからだとの共感的なつながりが形成できるかどうか，すなわち，仲間に共感し，仲間と共に経験を楽しみ味わうからだ作りがその基盤として大切になってくるのである。

　圧倒的な他者性の前に尻込みし，そのような他者に自己のからだを閉じてしまう，または特定の仲間だけとしか響き合うからだの関係を作ることが難しい子どもたちがいる。そのことが，たとえ集団のなかにいても仲間との伝え合うことばの育ちの貧困化をもたらすことは想像に難くない。

1　響き合うからだとことば──ある事例研究会から

　平成20年度の幼児教育未来研究会で事例研究の助言者を依頼され，その研究会で高橋（2008）によって「伝え合い響き合うことば」というテーマで報告された事例についてコメントを行った。それらの事例は，いずれも伝え合うことばの育ちにおける身体性の問題を考えさせるものであった。そのときの事例を1つあげ，そこで筆者が言及したコメントの内容に依拠しながら考えてみたい。

　保育者や友だちと響き合うからだの関係を作ることがうまくいかず，そのことによって園のなかで他児と疎通することばもうまく育ってこない子どもの事例である。B子は3歳で入園したときから，担任と朝顔を合わせても，自分か

ら「おはようございます」が言えず，母親に促されて小さな声で「おはようございます」と言う調子であった。同じような状態が続いたが，年中児になった9月頃からやっと「おはようございます」を自分から言うようになった。また入園してから表情はあまりなく，動きもぎこちなく，上目遣いに保育者をみる様子から，保育者はおどおどした子どもだという感じを受けていたという。また，みんなと遊ぶことは難しいが友だちには関心があるようで，みんなが走り出すとそのあとに遅れてついて行くといった様子であった。したがって年中になっても，いつも一緒にいたり遊んだりするのはC子だけであり，それもC子がリーダーとなり，B子はそれに付き従って遊ぶという関係である。事例の報告者の話からは，このようなB子の姿が浮かび上がってくる。このB子に関して，時間的な経過のなかで以下の2つのエピソードがあげられた。これらのエピソードと報告者からの情報を通して，そこでの保育とB子の変化について考えてみたい。そのなかで，仲間と響き合うからだという身体レベルでの関係が，仲間とつながることばを生成していく素地になっていくことを示したい。

◆**事例エピソード1「なんだざか，こんなざか」**　　（4歳児6月）

　保育者は，描画や製作をして過ごすことが多いA男と，友だち（C子）がお休みで室内で所在無げにしていたB子を誘い山（園庭の高台）に向かった。

　山では数人の子どもたちが築山を上がったり，周りを走り回ったりしていた。教師がそばに行くと「上れるよ！」と嬉しそうに言いながら，何度も築山に上り下りする様子を得意気に見せてくれた。

　A男とB子は保育者と手をつないだまま，上がり下がりしている友だちの様子をじっと見ていた。そのうちつないでいる2人の手に力が入っていくのを感じた。「上がってみようか」と声をかけると2人は頷き，3人で手をつないだまま上り始めた。

　一歩ずつ力を入れてゆっくり上る私たちの側を，ドロケイをしている年長の担任が通りかかった。年長の担任は「なんだざか，こんなざか，なん

8章 からだが響き合う・ことばがつながる

ださか，こんなさか」という機関車やえもんの掛け声をかけ，手を機関車のように回しながら坂を上って走り去っていった。そこで保育者もその掛け声を口ずさんでみた。A男とB子と手をつないで「なんださか，こんなさか」と掛け声をかけながら，一歩一歩踏みしめて何度も何度も山を上った。

翌日「お山に行こう」とA男からの誘いがあり，B子も誘って3人でまた山に向かった。前日と同じように，3人で手をつないで築山を上りだすと，A男，B子は「なんださか，こんなさか」と自分たちで口ずさみながら元気に上っていった。

◆事例エピソード2「おひっこし，おひっこし」（4歳児10月初旬）

前日に遊んだことが楽しくて，年中のB子とC子とD子の3人は，朝の仕度が終わるとすぐに，ござと洗濯ばさみの入ったかごを持ち，ジャングルジムに出かけていった。ござをかけてプリキュアの「ナツハウス」を作り，ごっこ遊びをしていた。ジャングルジムを上り下りしたり，スープを作るといってお山に実を拾いにいったりしていた。しばらくすると，ござを丸め始めるのが見えた。保育者が近づき理由を聞くと「だって，あの子たちが使うから出て行けっていうんだもん」と言う。「じゃあ，お引越しだね。あっちのジャングルジムはどうかしら」と提案すると，3人で嬉しそうに笑い合いながらござを持ち，「おひっこし，おひっこし」と掛け声をかけて，移動していった。

行った先のジャングルジムでも，ござを上まで運んだり，ござを留めるための大きな洗濯ばさみを手渡しするのに，ジャングルジムを何度も上り下りしていた。

片づけの時間になりござを丸めた。3人でそろってござを持ち，「おっかたづけ～おっかたづけ～」と言いながら，保育室まで運んだ。

その後も3人の「ナツハウス」は場所を移動したり，いろいろな子どもが出入りしたりしながら，10月下旬になっても続いていった。

築山の頂上にござを敷いたときには，メンバーが7，8人に増えていた。そのなかの男児が「ヤッホー」と誰にともなく叫んだ。それに続いて，そこにいるメンバー全員がピョンピョンと飛び跳ねながら，何度も何度も「ヤッホー」と大きな声を出していた。

園における他者性のなかで，年中児になってもなかなか保育者や仲間とからだを響き合わせることが難しかったB子であったが，エピソード1では共同して他者とからだが響き合うきっかけとなった体験がみられる。その時系列的な経過をながめると，

①築山を上り下りする友だちの行動をみて興味や関心をもつ。
②その友だちの行動（動き）にB子のからだも誘い込まれるように共振し始める。
③つないだ手から保育者もそれを感じ，同じように共振し始める。
④それが「上がってみようか」という保育者の誘いの声かけとなって表現される。
⑤坂を一緒に上っている途中，その傍を年長の保育者が機関車のように手を回しながら「なんださか，こんなさか」と，はずみをつけながら坂を上っていく。
⑥担任の保育者も「なんださか，こんなさか」と，それにならって自分たちの行動に掛け声をかける。
⑦つられるようにA男とB子も手をつないで「なんださか，こんなさか」と，一緒に掛け声を出しながら上る。

このようなやりとり（①～⑦）のなかで，保育者やA男と一緒に掛け声を響かせ合い，そのなかでからだがつながり合っていく様子をみることができる。このことがよほど心地よかったのか，翌日もA男からの誘いに「なんださか，こんなさか」と，声を出し合いながら山に上る遊びがみられたという。

このエピソードにおいてB子のからだが共同して響き合う契機になったのは何であったのだろうか。1つは，仲間のからだの動きに関心をもちそれに共

感・共振しようとするB子に，同じように共振し，その増幅された響き合いのなかで「上ってみようか」と，タイミングよく誘いかける保育者の感性であろう。もう1つは，保育のなかで掛け声ということばがもっている力である。とくに掛け声は，このエピソードにおいてからだが響き合う重要なきっかけとなっている。この掛け声による響き合うからだのつながりこそ，仲間との間に伝え合いのことばのつながりを培っていく下地になるのである。

　掛け声については，エピソード2においても重要な役割を果たしていることがうかがえる。これは10月初旬のエピソードであるが，B子，C子，D子の3人の遊びのなかで「おひっこし，おひっこし」「おっかたづけ～おっかたづけ～」と，ここでも仲間とからだを共同して響かせ合うのに掛け声が大切な役割を果たしている。10月の下旬には，遊びのメンバーが7，8人に増えるが，そこでも「ヤッホー」という掛け声が，からだを響かせ合うのに大切な意味を担っている。園のなかでしだいにB子のからだは仲間のからだに開かれ，異質である仲間とも響き合える関係を作っていけるようになってくる様子がうかがえる。そして，このような仲間との関係のなかで，その関係を維持する手立てとしての伝え合うことばが育まれていくことになるのである。そのようなことばが，さらに，異質な自他であっても協同・協働しながら響き合えるからだを作っていくことになるのである。

　エピソードの流れをみると，年中児の6月から10月にかけてB子は遅まきながら，それまで尻込みしていた他者（性）へもからだを開き，他者とからだを共同する関係も拡がっていく様子がみられる。最初は特定のC子だけであったのが，他児ともかかわりながら遊べるようになり，それと並行するように友だちとの伝え合いのことばも豊かになっていくのである。報告者によると，それまで顔を合わせてもできなかった「おはようございます」というあいさつを，9月頃には自分から保育者にもするようになったという。「おはようございます」⇔「おはよう」は，たんなるあいさつの交わし合いに過ぎないようにみえるが，この変化は象徴的である。自分から「おはようございます」が言えることは，それだけ保育者に向かってからだが開かれてきたことの証であり，保育

者と自分のからだを響かせようとする試みでもある。その意味で，保育のなかでのあいさつことばも重要な意味をもっているのである。このようにからだが響き合う関係を端緒として，仲間とつながるためのことばが生まれ，保育者とのことばによる伝え合いも始まるのであろう。

2　からだの2つの響き合い——相補的な響き合いと同型的な響き合い

　掛け声が，他者性をもつ異質なからだ同士を響き合わせるきっかけを作ると指摘した。他者と声を同時に掛け合うといった行為は，もともと，他者と興味や関心を共有しながら，自他のからだを響き合わせるための仕掛けとしてある。「エイエイオー」「いっせい（一斉）のせい」といった掛け声を思い起こして欲しい。保育者が一斉に掛け声をかける，子どもたちが一斉の掛け声を響かせ合う，それは，そこにいるみんなが調子や息を合わせて行動するためになされる。まさに一体感をもって皆とからだを共同して響かせ合うきっかけとして使われるのである。

　『大きなかぶ』（内田莉沙子，1962，福音館書店）という絵本がある。おじいさんが大きなかぶを抜こうとするが抜けない，そこでおばあさんがおじいさんを引っ張る。それでも抜けないので，孫，犬，猫とつぎつぎに加わって引っ張る。さいごに，ネズミが加わってやっと抜けるといったお話である。この絵本のなかでは，ある科白（せりふ）が重要な役割をもっているように思われる。絵本をすでにご存知の方はお気づきであろうか。つぎつぎと動物が抜くのに加わっていくが，そのページごとに共通する科白がみられる。それは「うんとこしょ，どっこいしょ」という，皆で力を合わせて引っ張る際の掛け声である。この掛け声こそ，皆と一体となって共同してからだを響かせ合っていくためのキーワードであり，絵本の主題そのものを象徴的に示しているようにも思われる。

　このように考えると，園には子どもたちがからだを共同して響き合わせていく遊びが満ちている。そもそも共同の遊びは，そのような仲間とのからだの響き合いを楽しむ要素によって成り立っている。それには大きく2つのタイプが

8章　からだが響き合う・ことばがつながる

みられる。それは相補的なからだの響き合いと，同型的なからだの響き合いを楽しむ遊びである。

　「どろけい（泥警）」や「こおりおに（凍り鬼）」は，同系の相補的な遊び構造をもっている。追いかける者と追いかけられる者からなり，遊びが成立するためには，追っ手をみながら逃げる，逃げるのをみながら追いかける，相手のすきをみて捕まった仲間を助けるといった，まさに相互に呼吸を合わせて追う・追われるといった役割を相補的に楽しむ共同遊びである。同じような相補的なからだの響き合いは，「花いちもんめ」といった伝承的な遊びのなかにみられる。それぞれ手をつないで向かい合った４～５人が，一方が「勝ってうれしい花いちもんめ」と前に出ると，他方はそれにあわせてさがる。さがった側が次には「負けてくやしい花いちもんめ」と前に進み，他方は後ろにさがる。そして「あなたがほしい，あなたがほしい」と掛け声を出し合ってから，各グループが輪になって誰を指名するか決める。ふたたび，「～ちゃんがほしい」「～ちゃんがほしい」とそれぞれは名前を言い合いながら交互に前進後退する。「じゃんけんしよう！」で，双方の代表がジャンケンする。負けたグループの指名されたメンバーが相手側に取られて行く…といったことを繰り返す遊びである。ここでも，掛け声によって相補的なからだの響き合いを作り出しながらの共同遊びが展開している。

　他方，同型的なからだの響き合いを楽しむ遊びも多くみられる。年中児になると相撲をとるといった遊びがみられるようになる。そこでは相互にしこを踏んでから見合って，行司の「はっけよい」に呼吸を合わせながら同時に立ち上がる。まさに相手と息を合わせて同型的にからだを響かせ合わねばならない。大波小波の縄跳び遊びもそうである。囃し歌とともに両端の者は呼吸を合わせて一緒に回す。跳ぶ者はその縄が回ってくるタイミングに合わせて跳ぶ。両端の回し手は呼吸やタイミングを同型的に合わせなければ縄がうまく回らないし，跳ぶ者はその縄の動きにタイミングよく息を合わせないとひっかかってしまう。運動会などで年長児がするピラミッドもそうである。下の３人の上に２人が乗り，さらにその上に１人が乗る。うまく積み上がるには，順次上に乗っていく

とき下の者が息を合わせてからだを緊張させなければならない。さもなければバランスが崩れてしまうからである。綱引きも，グループが息を合わせて一斉に引っ張らなければならない。ある園で年長児が遊戯室でおそろいの法被を着て，壇上の指導者の踊り（よさこいソーラン）をみながら，そのリズムに合わせて一斉にまねて踊っている様子をみた。このような一斉の同型的な活動も仲間とからだを響かせ合う心地よさを味わう契機となる。

　園における仲間との遊びは，何もこのようなからだを動かす遊びだけではない。室内のゲーム遊びにおいてもからだの響かせ合いはみられる。進級も間近な年中児の4人が外国のカードゲームで遊んでいる。4種類の果物のいずれかが1つから5つまでの範囲で描かれているカードがあり，それらのカードを混ぜて4人に配る。4人の中央には呼び鈴が置かれている。子どもは「一斉のせい」で同時に手持ちのカードを1枚ずつ開けて前に出す。4枚のカードで，同じ果物の数が合計で5になれば，気づいた者はいちはやく中央の鈴を叩いて鳴らす。鈴を叩いた者が，前に出ている4枚のカードをすべてもらうといったルールのゲームである。このようなゲーム遊びの形態においても，参加した者が「一斉のせい」で息を合わせてカードを出す，同じ果物の合計が5になるかどうか一斉に集中する，といった形で仲間と興味や関心を共有し，他者と共同してつながり・響き合うからだが求められることになるのである。

3　まとめに

　他者は異質であるがゆえに，子どもがその異質性にからだを閉ざしてしまうのではなく，仲間と響き合うからだの関係をいかに作っていくか，そのための機会や環境をどのように設定していくのかが保育の重要な課題になる。異質な他者性をもったからだがつながり響き合う関係作りである。そのような身体性レベルでのつながりや響き合いが，子どもたちをつなぎ，子ども同士の共同する遊びを作っていくのである。そのような遊びの楽しさ，心地よい体験が，その共同性を維持するためのことばを育み・促す基盤となるのである。それが，

ひいては異質な仲間同士が共有する目的に向かって協力・協働していく協同するからだとことばを生成していくように思われる。

9章　一次的ことばから二次的ことばへ

1　はじめに

　岡本（1985）は，ことばの発達において一次的ことばと二次的ことばを区別している。少数の親しい特定者との，具体的な現実場面での，状況的文脈に依存した会話（一次的ことば）と違って，二次的ことばとは，不特定多数の一般者を相手に，現前的な状況を離れた事象について，話のプロットを自己設計しながら，ことばの文脈だけで一方向的に表現するといった言語運用の形態である。すなわち，一次的ことばが状況依存的なことばであるとすれば，二次的ことばとは脱文脈的なことばの使用形態である。すると，二次的ことばの発達とは，ことばが表現としての自律性を獲得していく過程でもあり，岡本（2001）にならうと「ことばのことば化」とも形容しうる。その意味で「書きことば」は，もっとも二次的ことばとしての特徴を具現化した媒体になる。

　そのような二次的ことばの習熟は，もちろん本格的な読み書きの教育が始まる小学校に入ってからである。しかしながら，そのような二次的なことばの使用は，すでにその萌芽が幼児期にも始まっている。そこで，幼児期にみられる一次的ことばから二次的ことばへの発達のさまざまな移行形態や，その契機に関して考えてみたい。

2　一次的ことばから二次的ことばへの発達

　先のように，二次的ことばとしての要件がいくつかあげられている。それは「現前的な状況を離れた内容を」「ことばの文脈だけで」「不特定多数の他者

（一般者）へ」「一方向的に」などである（岡本，1985）。もちろん，幼児期にそのような要件をすべて満たした二次的ことばが可能になるわけではない。しかし幼児期にも，すでに二次的ことばの使用形態へと向かう育ちの姿がみられるようになる。

　最初の誕生日の頃にはことばが出現し，やがて子どもは表情や身振りを伴って片言を話し始める。そして養育者との情緒的に濃密な一体関係のなかで，養育者と共有する現前の状況や出来事について，養育者に誘導され・促されながらの会話的なやりとりがみられるようになってくる。まさに，状況や行動的な文脈に支えられた一次的ことばがそこに誕生してくるのである。3歳で入園しても，まだそのやりとりの形態は基本的に同じであり，保育者が子どもの伝達意図を汲みながらの1対1の会話が中心になる。この頃は，保育者がみんなに向けて話しかけても，それを自分へのことばとして聞くことがなかなか難しく，保育者は一人一人の子どもへ対面的に話しかけねばならない。また子ども同士の会話では，各々が自分の思いを一方的に話そうとするだけで，それが会話的なやりとりとしてつながっていくことはなかなか難しい。したがって一緒に遊んでいるようにみえても，みんなで思いやイメージを共有しながら遊ぶことも難しいのである。会話という一次的ことばは，このように他者（聞き手）依存的であり，また最初は自己に中心化されたものである。しかし，年中児から年長児にかけてしだいに自立的な会話的やりとりができるようになってくる。

「話す」から「語る」へ——二次的な話しことば化

　年中になる頃から，子どもは〈聞いて，聞いて〉と，自分の私的な出来事を聞いてもらいたい欲求が強くなってくる。そのなかで，たとえ親しい友だちであっても，自分の私的な体験を相手にも分かるように話す必要性に気づかされる。また年中児は，遊びを通して仲間との関係を活発に作っていく大切な時期である。それだけ遊びのなかで友だちとの葛藤やいざこざも増えてくる。そのようなとき，自分とは異質な仲間に自分の要求や思いを伝えることがより必要になってくる。このような仲間とのやりとりの経験のなかにこそ，話しことば

を一次的ことばの地平から二次的なことばへと導いていく契機が孕まれているように思える。

　つぎのエピソードにもみられるように，年中の頃には保育者と子どもの1対1の会話だけではなく，保育者がみんなに向けて一斉に語りかける（指示する）といった1対多の保育場面が多くなってくる。みんなに向けて話されることばであっても，それぞれの子どもがそれを自分へのことばとして聞くことができるようになってくるのである。また，子ども自身がクラスのみんなに向けて，みんなを意識しながら自分の体験や考えなどを話すといった保育の場も出現してくる。

　◆日曜日に保育参観があり，子どもは父兄と一緒に遊ぶらしい。先生の前に扇型に座り，先生の説明を受けている。幼稚園の敷地の地図をみせながら，先生が「お母さんとどこで虫探しをするの」と声をかけ，その問いかけに子どもたちはそれぞれの考えや意見を大きい声でみんなに向かって話す。　　　　　　　　　　　　　　　　　　　　　　　　　（6月）

　年中の頃には，仲間のみんなに向けて話すといった言語行為が，保育者によっても意識づけられていく。つぎのエピソードは，2月の半ばに，ある幼稚園の研究発表会での保育を参観させてもらったときのものである。

　◆年中児のクラスをのぞくと，お帰りの仕度ができた子どもたちが先生を囲んで座っている。先生は「今日，どんなことがあった？」と，1日の振り返りをさせている。手をあげた子どもは，立って出来事を大きな声で話している。1人の男児が立ち上がって，先生の横に近づいて，なにやら小声でささやくように報告している。先生はそれにいちいちうなずいて聞いているが，途中で「みんなにも～くんのお話聞こえた？」と他児に問いかける。みんなからは「聞こえへん」と声があがる。先生は「みんなにも聞こえるように話してあげて」と，その男児に話し直すことを促す。
　　　　　　　　　　　　　　　　　　　　　　　　　　　　（2月半ば）

上のようなエピソードは，クラスのみんなに向けて，みんなにも聞こえるように分かるように話すことを意識させる保育実践になっている。さらに保育のなかで，保育者は子どもが状況依存的に片言で話すと，それまでのように子どもの表情や身振りから意を汲んで応答するといったことから，「それだけでは，何が言いたいのかわからないよ」「何がほしいの？」「誰がほしいの？」「何をしたいの？」と，ことばの文脈にのせて表現するように仕向けるようにもなってくる。このような保育のなかに，まさに状況依存的な話しことばを二次的な語りことば化へと促す契機があるように思われる。

　ところで社会言語学者のバーンシュタイン（Bernstein, 1961）は家庭で親が話す会話の仕方やそのとき使うことばに注目し，それは社会階層によって大きな違いがみられるという。それを彼は限定（restricted）コードと精密（erabolated）コードと名づけた。前者はその場の状況に依存したような会話であり，表現もあまり論理的ではなく命令文やステレオタイプな言い回しや感情的な表現が特徴である。後者は情報の内容を論理的・分析的に詳細に叙述するコードである。中流階級の親は子どもに対して精密コードを使用するが，下層の労働者階級では限定コードの使用しかみられないという。精密コードとは，その場にいない人にも出来事や思っていることを分かるように話すことばの使用である。バーンシュタインにならえば，まさに保育の場では，しだいに精密コードとして話しことばを使用することが子どもに求められるようになる。このようなことば使用への要求は，ことばの文脈だけで他者に分かるように話すといった二次的なことばへと子どもを促す大切な契機となるように思える。

　既述のように，年中児になると保育者の指示や説明のことばを聞いて，それにしたがってみんなが一斉に行動するといったことが可能になる。それには，ことばの脱文脈的な理解が必要になってくる。集団のなかでちょっと気になる子どものなかには，その場その場において状況的な行動しかできず，指示されることばによって今ここでない先のことがらを思い描き，見通しをもって行動することが難しい子どもがいる。そのような子どもは，保育者の指示に沿って行動しているようにみえても，じつは仲間の動きをなぞって一緒に動いている

だけであり，いつもと同じ生活の流れ（ルーティン）だとあまり問題は露呈しないが，初めての活動に取り組む場面や，いつもの活動に変更が加えられた場面などでパニックになり混乱するといったことが起こってしまう。その原因として，今ここ（here & now）の状況を伝えることばの理解ではなく，保育者が説明・指示することばを脱文脈的に理解する力の乏しさがあげられている（藤崎，2003；岩田，2005）。このような脱文脈的なことばの理解は，おそらく二次的に話しことばを使用する能力の発達と裏表の関係にあるように思える。

ところで年中児になると，遊びのなかで，特定の誰かではなく，お客や通行人という不特定の多数に一方向的に話すといった二次的ことばの要件の芽生えさえみられるようになる。

> ◆部屋の隅のコーナーを利用して，数人の男児がその周りに大型積み木を並べ船を作ってごっこ遊びを始めた。近接した場所で先生を囲んで図鑑をみていた4～5人の男女児も，先生と揃ってその遊びのコーナーにやってくる。すると船をつくっていた男児の1人は，小さな積み木をマイク代わりに口にあて，特定の誰かをみるのではなく「もうそろそろしたら出発します」「今から発車します，早くお座りください」，他児が船のなかに移動しようとしたとき積み木が崩れると，「修理いたしますので，ちょっとお待ちください」とアナウンスする。修理が終わったのかふたたび，「はやくお乗りください」「勝手に〜をしないでください」「まもなく発車します。シートベルトをキュッと締めてください」…と，乗客にアナウンスしている。　　　　　　　　　　　　　　　　　　　　　　　（5月半ば）

ここでのことばは対面的な会話ことばではなく，明らかに想定された多数の乗船客に語りかける（アナウンスする）ことばであり，そこに「ください」「します」「いたします」といった丁寧表現がみられる。つぎのエピソードは，通行人という不特定多数を想定してのアナウンスである。

> ◆部屋で4～5人の子どもがビニールカヴァーを上から屋根のようにかけ，

ごっこ遊びをしている。お菓子の家らしい。なかで数人が準備をしているが、その家の前で1人の男児が大型ブロックの上に乗り、牛乳パックを拡声器代わりにして、通行人に説明している。実際には誰も立ち止まって聞いている人がいないのに、「お菓子のお家(うち)をしています、お菓子の家(いえ)、お菓子のお城はまだ閉まっています、いま工事中なので少々お待ちください」「〜（発話不明）のようにしていますから、少々お待ちください」と、声を張り上げて説明している。近くにいた筆者が「お菓子のお城、まだ入れないの？」と聞くと、「できたら言います」「いま、きれいにしています。まだできませんので、少々お待ちください」と、また拡声器で（実際には誰もそばにはいない）通行人に向かって説明している。　　　　（11月）

　保育の場のなかでも、子どもはしだいに多数に向かって話すことや、多数に向けられた保育者のことばを聞くことが求められるようになってくる。それには、ことばの文脈だけに依って分かるように話し、多数に向けて話されることばをことばの文脈だけから理解するといったことが必要になってくる。ここでは、そのような二次的な話しことばを、早川（1986）にならって「語りことば」と名づけることにする（岩田、1987）。早川は、書きことばの習得や習熟には、場面文脈に依存した話しことばから書きことば的な話しことばへの育ちが必要であると述べ、これを語りことばと名づけたのである。まだ準場面的ではあるとしても、このような1対多、一方向的な「語りことば」の使用とその習熟こそ、新しいことばの用法である二次的ことばの萌芽を指し示すものであり、それが不特定他者への脱場面的な書きことば習得への基礎を準備していくのである。

ストーリーとして語る

　ことばの文脈だけで伝えようとする話しことばの使用は、年長児においてはさらに促されるようになる。私的な自分の体験や出来事を自伝的に仲間に向けて語ることがより上手くなり、それをストーリー化（岡本、2009）して語るよ

うにもなってくる。したがって，生活発表の場などで，みんなの前で家族との私的な出来事などを語るといったことも上手くなってくる。

　誰が，どこで，どこへ，いつ，誰と何をした，そこで（だから）どうなった，そのときどんな気持ちだった，結果としてどうなった，といったことを接続語や指示語などを使用しながら語れるようになってくるのである。その際，ときに体験の流れとは逆に「…しているの。どうしてかっていうと…さっき…だから（したから）」と，結末から原因に遡って語るといったことも可能になってくるようである（内田，1985）。このように出来事をストーリー化して語れるようになってくるが，それには，それまでの保育者の援助的な働きかけが重要な契機となってくる。子どもが自分の体験を話す生活発表などの場面で，保育者は「そこでどうしたの？」「誰と行ったの？」「それから？」「どうして？」と，ことばの接ぎ穂を足して子どもから表現を引き出そうとする。じつは，このような保育者からの接ぎ穂が，子どもにとって出来事を語る枠組み的なモデルとなり，それが子ども自身でストーリー化して語る力を形成していく契機となるようである（藤崎，1982）。年中児や年長児になると，絵本を読み聞かせたあと，保育者はストーリー絵本のなかで起こった出来事の因果的な順番を「…の次はどうなった，それから？」と子どもに確かめたり，「どんな気持ちかな？」「どうして…は…をしたのかな？」と登場人物の気持ちや行動の動機をたずねるようになる。そのような問いかけも，子どもが出来事の展開をナラティブ的にストーリー化して語る力を培う契機となるように思われる。

　絵本の最初（発端部分）をよみ，そのあとの続きのお話を口頭作文で作らせるという研究（内田，1982）によると，「はじめてのおるすばん」のように日常生活での経験を利用しやすい題材では，そのプロットの展開構造や内容には年中児と年長児の間では差異がみられず，（エピソードの詳しさは違うとしても）起承転結の構造（物語としての文法）をもったストーリーを語ることができる。しかし，〈金魚鉢のなかの金魚が親切な小鳥がくれた風船をからだにつけて，空の雲をめざしてとんでいった〉といった現実にありえないファンタジックな題材では，年長児にならないと以降のストーリーを作ることは難しいようであ

る。年長児になると,たとえ非現実的な発端ではあっても物語的な枠組み（構造）にしたがってストーリーを語れるようになってくる。この口頭作文という語りことばは,まさに書きことば的な話しことばとも言えるだろう。このような語りことばの習熟が,より脱文脈的な読み書きことば習得への基盤を準備していくように思われる。保育者が物語絵本を読んで語ることばからお話の筋を追っていくとか,その内容やイメージをみんなで話し合いながらことばに置き換えていくといった活動なども,語りことばを育てる上で重要な役割を果たすと思われる。外国の諸研究によると,幼児期における物語絵本の読み聞かせ頻度（脱文脈的なことばの理解に慣れること）が,就学期に入っての読み書きや読書における理解力に影響するといった報告もなされている（岩田,1987）。

　仲間との遊びや関係づくりが活発になってくると,遊びをめぐってのいざこざも増えてくるが,そのようないざこざを当事者間で解決していくことが年中児にはまだ難しい。ことばで相互の言い分や思いを出し合い,そこで折り合いをつけていくことが難しいのである。そんなとき保育者は,しばしばお互いの言い分を聞き出しながら双方に分かりやすく説明するといった通訳を果たしながら関係の調整を図らねばならない。しかし年長児にもなると,当事者同士でいざこざに至った経緯や相互の言い分を話し合い,自分たちで折り合いをつけながら解決していくことができるようにもなってくる。また,そのような仲間間のいざこざの経緯を第三者的にストーリー化して語るようにもなってくる。5章（p. 101-102）にもあげたが,他者間のいざこざの経緯を,それを知らない保育者に説明するといったエピソード（友定ら,2009）があり,ふたたびその一部をここで抜粋してみよう。

　　◆4人の年長児がカルタをしているが,いざこざが起こったようで,メンバーの1人であるはるかが顔を伏せて泣いています。経緯を知らない保育者が「どうしたか,誰か説明できる？」と尋ねると,メンバーの別の女児が説明しはじめます。
　　ゆうこ「あのねえ〜,4人でカルタしよったんよ〜」「それで,はるかち

9章 一次的ことばから二次的ことばへ

ゃんが読みよって，他の人は取るんだったんだよね。そしたら，ひろし君がねえ〜…」と間をおきながら，「なんか，自分も読みたくなったんよね？」とひろしの方を確認しながら言う。

ひろし「うん」

ゆうこ「それで，読みたいから，ホントは貸してとか言えばよかったんだけど，黙ってはるかちゃんが持っているカルタ（読み札）を，えいって引っ張って取ってしまったんよね。それで，はるかちゃんが泣いたの」と続ける。

私「すごいねえ，ゆうこちゃん，ひろし君の気持ちが分かるんだねえ，ひろし君が読みたかったからやってしまったんだなあって，思ったんだね」

ゆうこ「うん」

私「ひろし君，そうなの？」

ひろし「うん」

私「そうか，やってしまったんだねえ，そのことをゆうこちゃんが上手に説明してくれたねえ。はるかちゃん悲しかったんだろうねえ。びっくりしたんかね？」などと話す。

（事例⑮「ひろし君の気持ちがわかるんだね」から）

このエピソードでは，はるかがなぜ泣くに至ったのか，いざこざの当事者の気持ちや感情を織り交ぜながらその経緯を先生にストーリー化して説明するといった，まさに二次的ことばの用法が子どもから育ってくる様子がみられる。じつは，そのようなナラティブ的なストーリー化も，子ども同士のいざこざを仲介するそれまでの保育者による出来事のストーリー化の仕方がモデルとなって取り入れられているのである。このエピソードでは，保育者はゆうこのストーリー化を「上手に説明してくれたねえ」とほめ，「はるかちゃん悲しかったんだろうねえ。びっくりしたんかね？」と，さらにそのストーリーを補足している様子がうかがえる。子どもはそのような保育者の語り方から，語り方の

187

文化的な形式をも学んでいくのである（岩田，2001a，2008a）。年長児になると，子どもは体験した出来事をナラティブ的なストーリーとして理解し，語るようになってくる（岡本，2009）。次のような興味深いエピソードがみられた。

◆テラスで家族ごっこをしていた年長児のM子が涙ぐみながら部屋に戻ってきた。その様子をみた2人のC子，D子が「Mちゃん，どうしたの？」と，心配そうに尋ねる。M子は「あのね，椅子に座っていたら，Bちゃんがわたしを，何もしないのに押してきて…」と，その経緯を語り始める。D子に「もうすこし詳しく説明してくれる？」と言われ，M子は「家族ごっこして遊んでいたのに，いきなり押されたの」と語り出す。それを聞いて，C子は「わたしが話してあげる（代わりに文句を言ってあげる）」と，M子やD子を連れて家族ごっこをしている場所へ行く。

テラスで家族ごっこをしているA子やB子たちは何事かとC子たちをみる。そこから以下のようなやりとりになった。C子は「何もしていないのにMちゃんのこと押したでしょう」と，抗議しはじめる。M子は「あー，もう言わなくていいから」と，C子を止めようとする。C子はなおも「押したらあかんでー」と，M子を振り切って大きな声で言おうとする。A子は「違うもん，アホって言わなくても，"押さんといて"って言ったらいいのに」と，大きな声で言い返す。M子は「あぁー，もういいから」と，C子を制止しようとする。C子とD子は「あかんねんで」となおも言いながら，M子とともにその場から立ち去り，部屋に戻る。

筆者がA子に出来事の経緯をたずねると，A子は「家族ごっこしていて，Mちゃんは2歳の赤ちゃん（赤ちゃん役），ここにいたら手が当たって…。そしたらMちゃんが"アホ，アホ"って言って。わざとじゃなかったのに…」と語り始める。筆者の「それで腹が立ったから押したの？」に，A子は「それで押した」と答える。筆者が「わざとじゃなかっ

たって説明した？」と聞くと，A子とB子は下を向いて黙っている。筆者の「じゃ，お部屋に行って，Mちゃんに（手があたったのは）わざとじゃなかったけど，押してしまったことを謝って，アホって言ったことを謝ってもらおうか」にA子とB子はうなずき，一緒に部屋に向かう…。

(1月半ば)

このエピソードでは，M子は「何もしないのに押してきて…」と，被害者としての自分に同情してくれるC子やD子に語っている。そこでは，自分に都合の悪い部分は語られていない。しかし実際には，偶然に手があたって相手が弁解しているのに，その相手を「アホ」と何度もきつく罵ったために押されたようである。しかし，M子が語る一方的な被害者ストーリーを真に受けたC子がM子に代わってA子やB子を追及し始め，それに反論してA子とB子からM子にとって都合の悪い経緯がC子に語られそうになると，M子は「あー，もう言わなくてもいいから」とC子を押しとどめようとする。明らかにM子は，C子たちの同情を買うのに不都合な部分を削除したストーリーを自分が語っていることを承知しているからである。このように，同じ出来事を体験しても，状況によっては自分に都合のよいストーリーを意図的に構成して語ることができるようになってくる。それは，ときに自己を守るために事実でなかった（事実がなかった）ことを，あたかも事実であった（事実があった）ように騙（かた）るといった言語行為を生み出すことにもなる。まさに語るは騙ると同根なのである。このように幼児期であっても，二次的な語りや騙りとしてのことばが形成されてくるのである。

このようなストーリー化して語る能力は，ことばでストーリーを創って虚構の世界を物語るといった言語行為にもみられるようになる。読み聞かせられる絵本から，そのストーリーを追って想像イメージの世界を構築するだけでなく，自らも語りことばによって仮想の世界を物語るといったことができるようにもなってくる。年長児も終盤になると，卒園製作などでストーリーのある物語絵本作りをグループで取り組むといった姿もみられるようになる。そこでは，ま

だ単純ながらも自分たちでストーリーのプロットを作り，絵本場面を描き，そこにかなで短い説明の文章を書くことさえできるようになってくる。

表現意識の育ち

　筆者がアドバイザーを務める大阪府の私立幼稚園プロジェクト研究会で報告されたエピソードを1つ紹介してみよう。

　　◆年長のすみれ組でお店を作り，そこに保護者や年中組や年少組の子どもたちにお客さんとしてきてもらうことになった。すみれ組は何の店をするかを話し合い，温泉をすることになった。そこでお店の名前の候補（すみれゆ，すーぱーゆ，すみれおんせん，ひじりおんせん，ひじりゆ，きらきらゆ…）がいろいろ出され，決めることになった。以下は，そのときのエピソードである。
　　M子「〈きらきらゆ〉ってさ，外の光を水が反射してるみたいやから，露天風呂の名前にしたら」
　　S男「それやったら，店の名前は〈すーぱーゆ〉がいいわ」
　　M子「〈すーぱーゆ〉やったら年少さんがなんのことやら分からんやん」
　　A子「それやったら，〈ひじりゆ〉だって分からんやん。〈ゆ〉って温泉のことって分かるんかな？」
　　S男「でもやっぱり〈すーぱーおんせん〉がいいし…」
　　M子「すーぱーはなんのことか分からんやろ」
　　T男「すみれの名前は入れたい。だってすみれぐみやもん」
　　S子「それじゃあ，〈すみれゆ〉か〈すみれおんせん〉は？」
　　M子「〈すみれゆ〉は年中さんやったら分かるけど，年少さんは温泉のことって分からんかもしれん」
　　S子「〈すみれおんせん〉やったら，みんながすみれぐみの温泉って分かるんと違う？」
　　数人「そうやな」と，お風呂やの名前が決まる。

保育者「じゃあ，すみれおんせんでいいの？」
みんな「はーい」
M子「露天風呂は〈きらきらゆ〉っていう名前つけたいなあ」
T男「足湯もあるしなあ」
A子「中のお風呂にも名前つけよう」
S子「じゃあ，私たちがなかのお風呂つくるときに考えとくわ」
A子「うん分かった」
S子「さっそくタオルに〈すみれおんせん〉って書こう！」　　（11月）
　　　　（第19次プロジェクトチーム岩田班・研究紀要，2011から）

　このエピソードは，お客さんとして招待する不特定多数の年少児や年中児を想定して，自分たちの温泉の名づけが分かりやすいかどうかをめぐってなされたやりとりである。そこに，明らかに多数の客を想定しながら店名を考えるといった，ことばへの表現意識をうかがうことができる。このような表現意識は，自らの話すことばを意識しながら話そうとする，いわゆる発話のモニタリング能力の芽生えとなっても現われてくる。子どもの生活発表などを分析した研究でも，「それでね，あのね…，えーっとね」と，発話内容を自己編集しながら話す様子が5歳頃にかけて目立つようになってくる。他者を意識して自らの話すことばの表現を吟味し始めるようになってくるのである。それが，話す途中で相手の理解の様子をみながら表現を言い直す，分かりやすいように比喩的な表現などを使って言い換えるといった，自らの表現の編集を可能にしていくのである。ことばによって教える—教わるといった自他間の言語行為は，少なくとも4歳になる頃にはみられるようになる。しかし，年中ではまだ身振りによるデモンストレーションが中心的であり，相手が分からない様子をみせても，以前と同じようなことばの説明を繰り返すだけである。これが年長児になると，解説的にことばで手順を教えようとし，それでも相手が理解できない様子だと，より易しく言い換えてみるとか，ときには「〜をするときみたいに〜をして」と，喩えを使って表現することなどがみられるようになってくる（岩田，1987）。

この頃，ごっこを演じるなかでも，自分の科白や仕草がそれらしく聞こえるか，それらしく見えるかどうかを気にして他者に確かめるといった行動が特徴的にみられる（岩田，2001a）。これは，たんに仲間内だけではなく，観客といったより不特定の耳目を意識した確かめであるようにも思える。つぎのエピソードは，生活発表会に向けた劇の練習の様子である。

　◆生活発表会に向けて，ごっこのお芝居づくりで，うさぎがヘビに襲われるシーンを工夫している。H男やS男たちが相談し合い，うさぎが襲われたあと，ヘビがぐるぐる巻きにしてしまうといった場面を演じている。2人は，それぞれにヘビの口を両手で作って「スーッ，スーッ」という音を出しながら，「ぼくこっちに行くから，あっちに行って」と，左右になりうさぎを狙っている。つぎつぎにヘビになった男児が，うさぎ役の女児に噛みついては両手を伸ばしてうさぎを抱え込む。しかし，ヘビがぐるぐる巻きつくイメージを考えるM男が「合体したらいいね」と提案し，M男を先頭に他の男児も長いヘビになって巻きつく。つながっているのでスピードはないがそれらしくはなってきた。その様子をお客さん役でみていたM子は，「それじゃ遅いわ，うさぎ逃げてしまうよ」「まだバラバラやわ」「お客さんわからへんわ」といった具合に何度もダメ出しをする。それを受けて，演じている子どもたちは話し合いながらさまざまな工夫をしていく。　　　　　　　　　　　　　　　　　　　　　　　　　　　（2月）

（第17次プロジェクトチーム岩田班・研究紀要，2009から）

　みられる側は，みる側（観客）にどのようにみえているのか，それらしくみえているのかどうか，自分たちのイメージ通りに受け取られているのかどうかを意識しながら演じようとすることが示唆される。みられる側が，観客の視点を取り入れて自分たちの演技を工夫していこうとするのである。仲間の目や観客を意識しながら表現をしようとする表現意識の高まりは，このように年長に入って明らかにみられるようになる。また，このような表現への意識は描画などの表現行為にも並行してみられるようになる。自分の描画がそれらしくみえ

るかどうかを「これ〜にみえる？」と，仲間に確かめながら描こうとする。そして，自分の表現への仲間の評価，不特定他者の目を気にかけるといったことがみられるようになるのである。

　このような自己の表現への意識化こそ，二次的ことばとしての話しことばの育ちを支えていく根幹となるものである。このような表現意識が基盤となって，仲間にも分かるようにことばで説明する，みんなの前で個人的な体験や出来事が伝わるように発表するといった，話しことばを二次的なことばとして使用する能力の発達がさらに促されるのである。

3　新たな二次的ことば——書きことばへの誘い

　書きことばは，二次的ことばとしての特徴をもっとも具現化している媒体である。もちろん本格的な読み書きことばの教育は，小学校へ就学してから始まる。しかし，すでに幼児期にもそのような読み書きことばへの芽生えがみられる。読み聞かせられる絵本から，そこに書かれている文字記号へ興味をもつことは年少児でもみられる。そのことは，まだ文字の読み書きができないとしても，文字の嘘っこ読みや嘘っこ書きを楽しむ子どもの姿にもみられる。少なくとも，そこには文字記号が何かの意味を伝えるものであるといった理解の成立がうかがえる。周りの文字環境のなかで，さらに文字記号への子どもの興味や関心は自然に強くなってくる。とくに教えられなくても，自分の持ち物や靴箱に書かれた自分の名前などをみて，生活文脈のなかで文字の必要性やその働きにも気づいてくる。年中児にもなると，自分で絵本の文字を拾い読みするとか，知っている文字を書くといった行為が見られ始める。少し古くなるが，国立国語研究所（1972）の1967年11月時点の調査では，年中児クラスでも71のかな文字中で60字以上読むものが33.7％であり，年長児クラスになるとそれが63.9％に達している。反対に文字がまったく読めない者は，それぞれ全体の9.3％，1.1％に過ぎなかった。最近の調査などをみると，読字能力の発達はさらに加速化してきているようであり，年中から年長にかけてほとんどの子どもがほと

んどの文字を読めるようになる。

　先の国語研究所の調査では，21字以上正しく書ける幼児の割合は年中児クラスで2割ほど，年長児クラスになると6割に達することがみられる。おそらく，このような書字技能の発達もより早くなっていることが推測される。しかし，ともかく年長児になると子どもはかなりのかな文字を書けるようになってくるのである。それは，かな文字を一字一字正しく書く技能だけではない。子どもたちのごっこ遊びのなかで文字が使われるようにもなってくる。年中児ではまだ覚えたての文字をぎこちなく，ごっこ遊びのなかの看板に「ケーキやさん」「たんぽぽぐみのいえ」「いりぐち」「でぐち」と綴って示すようになる。しかし年長児にもなると，看板だけでなくお料理のメニューを書いたり，「ここはいりぐちです」「ここからはいるな」と注意書きするといったことが一般的なものになってくる。先にあげたエピソードでも，遊びのなかで温泉の店名をタオルに書くという形で，お客さんに知らせる手段としての書きことばを使うといったことがみられる。つぎのエピソードのように，多数へ向けた説明や解説のために書きことばを使うようにもなる。

　◆ある園の年長児クラスで飼育していたザリガニが抱卵（紫色のキャビア状のものでザリガニのお腹を覆っている）しはじめた。最初は病気になったのでは，死ぬのではと，子どもたちは大騒ぎになった。しかし，それは卵ではないかという子どもがでてくる。そこで，絵本コーナーの図鑑でみんなで調べて，それがやはり卵であることを知る。そのうち家で調べてもらってくる子どももでてくる。インターネットで調べてきたものをプリントアウトしたものや，図鑑の絵をみて模造紙に書き（描き）写したりしたものをもってくる。子どもたちが調べた資料がいっぱいになり，担任が「調べたことをまとめよう」と提案し，グループに分かれてとりかかることになった。グループのなかでは字が得意でない子には得意な子が一字一字書いてみせてあげたり，絵が得意な子が絵を担当して描いていると「おっ，いいやん！　うまいで」と言い合ったり，それぞれが得意分野を分担し合

いながら作業している。完成後，グループで発表し合うことになった。レポートの内容は画用紙に自分がみたザリガニの絵を描き，それらに〈ざりがにがたまごをうみました〉〈いろはむらさきみたいなくろです〉〈あかちゃんはとうめいでおかあさんのおなかにくっついています〉，といった短い説明文を書いている。いよいよ発表当日である。「ニュースみたいやな」「ニュースの人は座ってるよ」「もっと大きな声じゃないと聞こえないよ」などと言い合い，確認し合いながらのグループ発表であった。

(11月)

(第17次プロジェクトチーム岩田班・研究紀要，2009から)

あげれば限は無いが，もう1つだけ年長児のエピソードを紹介しておこう。

◆置き棚の一面に沿って積み木をアーチ型に縦横に組み合わせて立体型の蜂の巣団地のようなものを構成している。そこには回りにいくつかの張り紙がしてある。そこには「①さわるとたおれるおそれがありますので　さわらないでください　さわらない」「①さわらないでね　②ちかずかないでね　③さわるとたおれてくるおそれがあります」と，子どもたちによって注意書きされている。

(11月)

これはせっかく自分たちが作った制作物を，他の誰かがやってきて不用意に壊さないように注意書きをしておくといった書字行為である。このような不特定の仲間へ注意するとか，説明するといった目的で文字が書きことばとして使われるようにもなる。余談になるが，あらかじめ起こり得そうな事態を予想して（先を見越して）予防策として注意書きするといった行為のなかにも，時間的な見通しをもって行動する能力の育ちをみることができるだろう。

このような園生活における書きことばへの契機は，「おとなになったら～になりたい」と笹につける七夕の短冊に願い事を書く，短い文章を綴ってサンタさんにお手紙を書いて送る，田舎のおじいちゃんやおばあちゃんに手紙や年賀状を書く，といった年長児の保育にもみられるようになる。年長児は口頭作文

でお話を語るだけでなく，習得した書字技能を使って，短文ではあるが文字作文を文章体で書くこともできるようになってくる（内田，1998）。

このように眼前にない特定の誰かに向けて自分の願いや気持ちを文字で書く，不特定多数を想定して書くといった新たな二次的ことばの萌芽はすでに就学前の頃にはみられるようになるのである。

4　まとめに

本章では，一次的ことばから二次的ことばへの用法が幼児期にも芽生えてくる過程を素描してきた。最後に，二次的ことばへの発達を考えるにあたって，いくつかの論点から述べておきたい。

①二次的ことばは，一次的ことばを基盤として，その上に成層的に構築されていくものである。まず子どもは，親密な特定の他者との一次的ことばによるやりとりを楽しむようになる。そのような一次的ことばでの楽しいやりとりのなかで，眼前のことだけでなく自分だけの体験や考えていることなどを相手に伝えたい・聞いてもらいたいという，子どものコミュニケーション意欲をさらに促すことになる。そのなかで，ことばの文脈だけに依って話すことが伝わるためには必要であるとしだいに気づかされる。そのような必要性が，子どもにとって二次的なことばの用法を獲得させていくバネともなっていくのである。

②一次的ことばから二次的ことばへの派生は，たんにことばの用法が変化していくというだけの問題ではない。子どもは入園して，そこで自分の思う通りにはならない，自分の勝手にはならない圧倒的な他者性（他者の差異性）に出会うことになる。しかし，園ではそのような異質な他者と共同の生活を作っていくことが求められる。仲間と一緒に遊び，共同で生活するためには，自己と違う相手の考えを聞き，その上で自分の考えも主張し，ことばによる交渉を通して折り合い（妥協，ときに譲歩）をつけていかねばならないのである。自分とは異質な他者性との出会いとその拡がりのなかで，他者とは異質な個としての自己の自覚も深まってくる。異質であるがゆえに，仲間との共同生活を作っ

ていくには，自分の体験や考えを他者に説得的に語らねばならない。そのような他者性をくぐることによって，自己の表現意識も育ってくるのである。じつは，そのような表現意識に支えられて二次的な話しことばが成立してくるのである。すると二次的ことばの発達とは，そのような表現意識が成立してくる根底にある，他者の心の理解，それによる自他の関係性の構築といった，より包括的な発達の文脈のなかに位置づけ捉えなければならないように思える。

③二次的ことばの発達は，ことばだけの文脈で他者に表現するといったコミュニケーション機能に関係するだけではない。他者に自伝的な出来事の記憶を語ることによって，自己のアイデンティティが形作られていくことにもなる（岩田，2008b）。

また，子どもが話すことばは他者だけでなく，同時にその声は自身の耳にも届いている。自分の表現をモニタリングするようになってくると，たんに自身の声が物理的に聞こえるだけではなく，他者へ話すと同時に，自身も聞き手になるといったループが回り始めるようになる。だからこそ自ら話しながら，自己の表現のモニタリングや自己編集といった，二次的な話しことばを支える表現への意識が芽生えてくるのである。その回路は，やがて自分が自分に向かって語るという自己内でのループを回し始めるようになる。いわゆる子どもの内言の形成へつながっていくのである。その内なることばによって思考する，自身に言い聞かせながら自己の行動を調節するといった地平を拓いていくことになる。

このようにみると二次的ことばの発達は，出来事をストーリーとして意味づける，自己を語ることによって自己のアイデンティティを形成する，内なる語りによって自己の内界を構築していくといった大切な機能を担ってもくるのである。そのような意味では，二次的ことばの発達をたんに「ことばの発達」という狭い範囲のなかだけで問題にするのではなく，まさに「発達のなかのことば」として捉え，論じなければならないように思われる（岡本，1982）。

10章　子どもと名前

　一般的に子どもから〈マンマ〉といった初語がみられるのは，最初のお誕生日の前後であり，「物には名前がある」ということへの洞察（気づき）は1歳半ばの頃であるという（岡本，1982）。この頃から2歳にかけて，質問期ともよばれるように「コレナニ？」「コレハ？」と周りの物の名前を盛んにたずねるようになる。それによって語彙の爆発期ともよばれるほど語彙の急激な増加が始まり，並行してそれまでの一語表現が二語，三語表現へと連語化し始める。

1　〈わたし〉の名前の理解

　くしくも同じ頃に，子どもは自身を客体的な対象として捉えることが可能になり始め，対象としての自己性（me）の認識が成立してくるのである。人は他者をみるようには自身をみることができない。たとえ自己の身体の一部はみえても，自身の背中さえみることはできない。ましてや自分が自分の顔をみることなどできない。しかし，他者をみるかのごとくにこの不可視の自己を対象として思い描く（表象化する）ことが，この頃には可能になってくるのである。そのことは，鏡を用いたルージュテスト[1]などによって確かめられてきた。鏡に映った像を自分の似像として捉えられるかどうかをみたテストである。この自己性の認識は，自己が自身を客体的な対象として捉える身の折り返し，すなわち自己のメタ化の始まりなのである。このような自己性の認識は，ヒト以外で

---

(1)　ルージュテストとは，子どもに気づかれないように子どもの鼻頭や頬に口紅をつけ，そのあとで鏡を子どもの前におく。その際に，子どもが鏡像の方へ手を伸ばしてそれに触ろうとするか，それとも自分の鼻へ手をやるかを調べるテストである。

はチンパンジーやオランウータンといった霊長類の一部にのみが可能である。高次情報処理機能を測定する脳の事象関連電位（ERP）を用いた最近の研究（Ueno, et. al, 2009）によると，チンパンジーは自分自身につけられた名前を理解しているのではないかと報告されている。この研究では，「みずき」と名づけて育てられたメス9歳のチンパンジーで実験を行っている。世話係りの女性の声で，そのチンパンジーに「みずき」，「つばき（グループの他の仲間の名前）」，「あすか（未知の名前）」，名前でない音声をスピーカーから聞かせ，その際の電位活動をそれぞれ記録している。その結果，前頭葉部位に付けられた電極において，自分の名前を聞いたときにだけ他の音声刺激と区別されるより大きな波長の変化がみられたという。その波長は，重要な刺激に選択的に注意を向けるといった高次の大脳機能を示すことが知られている。そこから彼らは，チンパンジーには自分につけられた名前が理解されているのではないかと推論している。これまでの鏡映像の研究からすると，自己認識が可能なチンパンジーなら，そのような可能性は十分に考えうるであろう。

　ところで親は，誕生した赤ちゃんに願いや愛情を込めて名前をつけ，その名前でもって赤ちゃんをよぶ。そのうち赤ちゃんは，名前をよばれると振り向くようにもなる。しかし，赤ちゃんはその名づけが自身を表すものであるとすぐに理解できるわけではない。最初は，おそらく条件づけのように音声の方に振り向くといったこともあるだろう。その音声に続いて養育的な世話をうける繰り返しが，その声のする方へ定位するといったことを引き起こすのである。ちょうど飼い主が愛犬の名前を呼ぶと，声の方向に顔を向け近寄ってくるように。名づけの直後には，エサがもらえるとか飼い主から愛情をもった接触を受けることが多いからである。その結果，その名前を呼ぶ声のする方に定位するようになるといった条件づけである，あたかも自分の名前を理解しているかのような行動習慣を形成するのである。

　しかしヒトでは，客体的な対象としての自身が認識されるようになって，名づけが自身を表す記号であると理解されてくるのである。その意味では，自己の名前の理解は最初から対象化しうる他者の名前よりも難しいのである。そも

そも名づけは，名づけられる物が対象化されることによって成り立つからである。

　植村（1979）や百合本（1981）らの研究をながめると，名前が自己というものを表す記号となるのは，やはり自己性が認識され始める頃であることを示している。保育集団のなかで出席をとるとき，それまでは他の子どもの名前のときにも「ハイ」と返事していたのが，自分の名前を呼ばれたときだけ「ハイ」と返事できるようになり，少し遅れて自身を名前で呼ぶことがみられ始めるようである。自分の名前を自身を表すものとして理解し，自分を名前によって呼ぶといった自己言及的な行為は，対象としての自己性の認識をさらに深めていくことになる。繰り返しになるが，自己が自身を対象化し始めるようになるからこそ，自分につけられた名前がまさに対象としての自身を表す代表記号として理解され，自身に言及する際の記号として使用できるようになってくるのである。

2　名づけという行為

パーソナルな名づけ

　子どもは自己や周りの他（モノやヒト）を名づけるようになる。それは，子どもにとって自や他が認識の対象として分化成立してくることでもある。しかし，それだけではない。他を名づけるという行為は，自と他の関係性の変化をもたらす。ここでは，保育の場における仲間やペットへの名づけについて考えてみよう。

　年少の3歳で入園してくる幼稚園児にとっては，見知らない仲間となじみのない場所で不安や緊張が一杯である。たとえ仲間の存在に興味があっても，最初は他児とうまくかかわって一緒に遊ぶことは難しく，他児と一緒の生活をいかに作っていくかという課題に直面する。生活を共にするなかで，しだいに関心をもつ仲間の名前を覚え，その仲間を名前で呼ぶようになる。年少児も，5月の連休明けくらいになると「この人，〜ちゃん」と，われわれにもクラスの

仲間の名前を教えてくれる。まだ来ていない子どものことを「〜くんと，〜ちゃんが，きょうはお休み」と，保育者に教えてくれるようにもなってくる。また特定のお気に入りの友だちができ，「〜ちゃんの横に座りたい」「〜ちゃんと一緒に座る」と，座る席をめぐった仲間とのいざこざもみられるようになる。さらに年中が近くなると，「〜ちゃん一緒に座ろう」と声をかけ，「あした一緒に飲む」と約束をする仲間との関係さえもできてくる。それだけクラスのなかで仲間としての認識や，その仲間との心理的な結びつきができてくるのである。共同の生活のなかで仲間の名前を覚える，お互いの名前を呼び合うことが，その仲間との心理的な結びつきや関係性を作っていくことにもなる。その意味で，名づけ行為は自他の心理的な親密性の表出であり，同時に自他の関係性を作っていく機能をもつのである。

　園生活のなかでの名づけは仲間だけではなく，園で飼うペットにもなされる。子どもたちは世話する動物に命名し，その名前でもって呼ぶようになる。このような飼育動物への名づけといった行為の意味を考えてみたい。9章（p.194-195）においても紹介したエピソードをふたたびあげてみる。

> ◆年長組に1匹のザリガニがやってきた。クラスの子どもたちは，さっそく名づけ親になり「サスケ」と名づけた。ある時，「先生，サスケのお腹からなんかはみ出ている」と，サスケの異変に気づいた。紫色のキャビアのような透明なゼリー状のものがお腹を覆っている。「気持ち悪っ！」「病気ちがう？」「サスケ死ぬん？」と，子どもたちは大騒ぎになった。すると，1人の男児は「ちがうで！　卵とちがう？　だって丸いで」と言う。それがきっかけになって図鑑などで調べ始める。インターネットなどで親に調べてもらった資料を園にもってくるなど資料も集まってくる。そこでグループに分かれて，図鑑でみるとか，調べたことなどをまとめ，それらを発表し合うことになった…。　　　　　（10〜11月にかけて）
> 　　　　　　　（第17次プロジェクトチーム岩田班・研究紀要，2009から）

　このエピソードでは，クラスにやってきたザリガニをみんなが「サスケ」と

名づけることで，それはたんなるザリガニではなくなり自分たちに近しい一員として，自分たちが気にかける仲間となっていくのである。そうであるからこそ，サスケの変化を気にかけ「病気ちがう？」「サスケ死ぬん？」と心配するとか，不安になりその原因を調べるといった行動をもらしたように思われる。それは，けっして科学的な興味や関心だけに基づくものではない。ある園で「くろちゃん」と名づけて飼っていたうさぎが亡くなり，子どもたちが深く悲しみ，みんなでお墓に埋めその上に墓標をたてたといった話を耳にした。同じようなエピソードはどの園でもみられるであろう。自分たちと生活を共にする者であればこそ，その死はたんなる動物の消失ではなく，子どもたちに情緒的な喪失感をもたらすのである。このように，「サスケ」や「くろちゃん」などと飼育動物にパーソナルな名前をつけることは，自分たちと同じような人格性を擬人的に付与することになる。まさに〈あなた〉といった次元でその動物の存在を感じ取るようになっていくのである（村瀬，2010）。

　ところで名づけには大きく2種類ある。1つは「ひと」「うさぎ」「いぬ」「ひこうき」といった，類概念的なカテゴリーの名づけである。まさに，このような名づけによって，対象世界がカテゴリーとして概念的に認識されていく。もう1つは，類としてではなく，上のエピソードにみられるような個別につけられたパーソナルな名づけである。そのようなパーソナルな名前は，個別対象を指示するだけでなく，その主体としての人格性（その人らしさ）を内包的意味として含意するようになるように思われる。だからこそ，名は体を現すことにもなるのである。このことは後で詳しく論じる。

名づけの恣意性

　名前は恣意的な記号に過ぎない。恣意的とは，どのように名づけるかは単なる約束事に過ぎないということである。犬のことを日本語では「イヌ」と名づけるが，英語では「dog」であり，他の言語ではまた別の名づけがなされる。子どもが「物には名前がある」と知っても，そのような名づけの恣意性を自覚できるのはもっとあとである。それまでは，まだ名前と物が未分化で，名前を

その物の一部であるかのようにみなしている時期がある。それでは、子どもはいつ頃からそのような名前の恣意性に気づき始めるのであろうか。

　加用（1991）は、犬に「きんぎょ」、金魚には「ワンワン」と偽命名したときの子どもの反応をエピソードとして記述している。それによると、2歳頃にはそのような偽命名を「いや！」といって明白に嫌がり、子どもによっては金魚が「ワンワン」と名づけられると、「違うの、きんぎょ」と大真面目に訂正する。何度繰り返してもそうであり、こちらの冗談が通じなかったという。ところが4歳頃からは、はじめはこちらの偽命名に驚くが、途中からはゲームとしてそれらのやりとりを楽しむようになってくるという。子どもの方から「じゃあ、これは何？」「これは？」と、次々に近くにあるものを指さしておとなの偽命名を誘い、それを嘘っこの名前遊びとして楽しみ始めるのである。このような反応は、子どもが物につけられた名前を、少なくとも物そのものから切り離して捉えられるようになってくることを示唆する。名前の恣意性への気づきである。くしくも4～5歳は、しりとり、逆さことば、反対語といったことば遊びがみられはじめる頃でもある。それまで無意識に話していたことば自体へのメタ化がはじまるのである。おそらくモノの名前の恣意性への気づきは、このようなメタ化と無関係ではないだろう。

　このようにみると4～5歳になる頃には、物とその名前の恣意的な関係性に気づきはじめることが推測される。それでは、ある意味ではもっと恣意的なパーソナルな人の名づけに関してはどうであろうか。たしかに5歳にもなると、おふざけで姓を言い換えるとか、仲間の名前をわざと間違えるといった遊び的な行為がみられるようにもなる。しかしながら、子どもにとってパーソナルな人の名づけは、類としての名づけとは少し異なるように思える。そこで、ふたたびパーソナルな人の名前について考えていこう。

3　人の名前がもつ意味

　心理学にはパーソナリティという用語があり、人格とも訳され、その定義は

研究者によって微妙に異なる。しかしそれらに共通する点は，環境への適応行動における〈その人らしさ〉とでもいったものであろう。パーソナリティの語源はギリシャ語のペルソナに由来しており，ペルソナとは古典劇の役者が舞台で被った仮面のことである。したがって，このパーソナリティには，元来，人がその役割や状況にふさわしい行動を演じるといったニュアンスが含意されている。その含意からすると，仮面の下にはほんとうの顔があることになる。しかし玉葱の皮を剥くように，仮面の下はまた別の仮面があるだけであり，さまざまに仮面を被る身そのものが自己の本体である。日常のなかでさまざまな仮面を被るとしても，それはけっして「仮」ではなく，そのどれもが本当の自分の顔，多様な自己の一面なのである。仮面の下にほんとうの自己があるという幻想は，おそらく安定した自己の同一性意識を維持させるための仕掛けなのかもしれない。ジム・キャリー主演の「マスク」という映画があった。日頃は気の弱い青年が，偶然手に入れたマスクを身につけると顔から剥がすことができない肉づきの面となってしまい，（自分が潜在的に憧れていた）新たな別の人格へと変身してしまう。まさに仮面そのものが人格性をもってしまうのである。このような肉づきの面に類似した話は民話にもみられ，パーソナリティや自己というものを考える上で示唆的である。

　少し回り道したが，じつは人のパーソナルな名前も仮面と同じような側面をもっている。たしかに名前は，たんなる恣意的な人への符丁というだけではなく，名前そのものが肉づきの面のようにその人の人格性と分かち難く一体化し，やがて名前自体が人格性を代表するようになってくる。「名は体を表す」のごとく，名前そのものが人格的な実体性を帯びるようになってくるのである。そのことは，「名に恥じる」「死して名を残す」「名を汚す」「名をなす」「名に傷がつく」「名に責任をもつ」といったさまざまな言い回しのなかにも示唆される。人の名前はまさに肉づきの面のごとく自己という実体性と分かち難く結ばれ，まさに，名前がその人の顔になっていくのである。したがって署名（サイン）という行為はたんなる名前の書字ではなく，まさにその人の等価な代理とみなされ，ときに法的な責任を負うことにもなるのである。

宮崎駿の「千と千尋の神隠し」というアニメ映画があった。そのなかで，異界へと迷い込んだ主人公の千尋は，魔法使いの婆さんに「千尋」の名前をとられ，「千」と名づけられてしまう。その「千」を助け・励ます「白」と名づけられた青年との会話で，千尋が「名前が千になって，しだいに元の自分を忘れ，見失ってしまう」といったことを告げる場面が印象に残っている。この科白は，自分の名前と自己という人格性が不可分に結びついた関係にあることを示唆している。だからこそ名前の剥奪は，まさにそれまでの自己の同一性の剥奪や喪失感にもつながるのである。

　しかし，はじめから自分の名前がそのような人格性と不可分な関係にあるわけではない。それでは，親から恣意的に付与された自分の名前が，いかに自分の肉づきの面となっていくのであろうか。誕生すると，まず赤ん坊には一個の社会的な存在として認める名前がつけられる。それ以降，その名前がいつも赤ん坊に向けて使われる。対象としての自己性が認識される頃には，その名前が自身を表す記号として理解され，さらに名前が自身を指示するラベルだけに留まらず，しだいに名前が自己の人格性と分かち難く結びつくようになり，やがて名前が人格と等価な関係さえ担うようになってくる。だからこそ，われわれは自分の名前が間違えて呼ばれたり，誤って表記されたりすると，自分そのものが軽んじられたようで不愉快な気持ちにもさせられるのである。

　一般的には，名づけ理解の発達とは指示記号としての名前が獲得され，つぎにその名前が恣意的な記号として対象そのものから分化（距離化）する過程として捉えられる。しかしパーソナルな人の名づけについては，その恣意的な関係性が理解され，ふたたび名前と対象が未分化に分ち難い関係性として結ばれてくるのである。そこに人の名前の特殊性がある。

自分と名前

　それでは，自分の名前自体にそのような人格性が浸透するようになってくるのはいつ頃からであろうか。それはどうも4～5歳の頃からではないかと推測される。この頃には，自分の名前が自己という人格の一部であるかのごとき感

覚をもち始めるようである。そのことを示唆するいくつかのエピソードをみてみよう。

先の加用（1991）では，自分の名前についてのやりとりエピソードも紹介されている。つぎのものは4歳児のエピソードである。

◆すでに幼い妹弟をつれて入浴しようとしている母親が4歳のひろし君をよぶ。しかしなかなか入ってこようとしない。待ちくたびれていた母親が，やっと風呂場に入ってきた子どもをみて，演技で「あら？」「この子，この子，知らない子や」という。
びっくりしたひろし君「ひろしなの！」
お母さん「ええ？　こんな子知らんわ！　あなたどこの子？」
ひろし君（もう一度）「ひろしなの！」
それでもお母さん「でも，知らん人やなあ」
ひろし君，あまりのことに「わー」と泣き出す。

子どもは母親から呼ばれる自分の名前によって，家族のなかで確かな自己の位置づけを与えられる。その母親から名前を「知らん人」と言われて，ひろし君はまだそれを冗談として受け止められず，家族のなかでの自己の存在の位置づけを失い不安になって泣き出してしまったのである。そもそも人は名前を付与され，その名前を自分が名乗り，また他者から呼ばれることによって社会的な実在者として存在する。岡本（1999）の表現を借りれば，名前は「人々の中の1人として自分があり，人を見る自分も，自分が見る自分も，自分の名のもとに同一であるという自覚，つまり社会的自己同一性を確立させていく際のもっとも重要な手がかりとなる（p. 192）」，「『名前』は自己同一性のみならず，自他がその当事者について認める『社会的自己同一性』にかかわってくる（p. 193）」のである。ひろし君にとって自分の名前は，まさに自分の社会的な存在の同一性を根拠づける大切なものであるのに，母親から〈知らん人〉と言われて困惑し動揺し，泣きだしてしまったのである。少なくともこの頃には，自分の名前そのものが，単なる指示的なレッテルを超えて社会人格的な自己の同一

性そのものを代表するようになってくるのである。

しかし，5歳児になると様子が変わるようである。加用によると，「あんたこそ，どこの人や？　知らん人と知らん人で一緒に風呂に入ろうか」とうまく切り替えし，母親の発話意図（わざと「知らん」といってからかっている）を察して，それを遊びとしたやりとりに転化できるようになってくる。しかしながら他方では，やはり年中から年長にかけて，自分の名前がますます自己の社会的同一性とは不可分な関係になってくるように思われる。あたかも肉つきの面のごとく，名前自体が自己の人格性を帯びはじめるからである。たしかに5歳児では，名前の偽命名を遊びにすることも可能であろう。しかし先述の物の偽命名の遊びとは違って，自身の名前が他者から偽命名されるとき，子どもにとって面白い遊びというより，それにかなりの心理的な抵抗や違和感を覚えるのではなかろうか。それだけ，名前自体が自己の社会的同一性と分ち難く結びついているからである。つぎのごっこ遊びのエピソードをみてみよう。

◆年中児の女児が数人で電車ごっこをしている。それをみていた観察実習の学生は「お姉さんも，もう1個の名前考えて」と言われる。その女子学生「もう1個の名前って何？」と，最初は何のことか分からなかったが，子どもの1人が「本当の名前は〈みらい〉やけど，今は〈みら〉で，〈りか〉ちゃんは〈あみ〉ちゃんで，〈のあ〉ちゃんは〈みく〉ちゃんで，お姉さんは…〈みな〉」と，もう1個の名づけを教えてくれる。ちなみに，学生は胸に〈みずほ〉という名札をつけていた。そして，それぞれがまったく別の名前を名乗って，運転手や車掌，乗客になって電車ごっこで遊んでいる。　　　　　　　　　　　　　　　　　　　　　　　（10月）

このエピソードでは，たんに何かの役柄になってごっこを遊んでいるのではない。本当の自分の名前を変えることによって，自分がほんとうに別の人になったつもりでふるまっている。このような名前の取り替えは，ただ名前の恣意性を利用して遊んでいるだけではなく，名前を変えることによって別の社会的な人格になるといった感覚に基づいた行為であるようにも思われる。これも，

名前がその社会的な人格と結びついているといった認識が成立してくるがゆえにであろう。

自分の名前を隠す

　名前はしだいに人格性を帯び，それ自体が社会人格的な自己の同一性を代表するようにもなってくる。

　　◆年長のH男は運動神経が少し弱いが，やっと竹馬に乗れるようになった。ホールでみているとH男と目が合って，H男はその乗れる様子を筆者にみせてくれる。しかし，独楽回しはまだうまくできないらしい。観察していた学生がその様子をみていて「Hくん」と声をかけると，うまくできないのが恥ずかしそうである。そして，じぶんの名札が学生からみえないようにスモックの下に押し込んで隠そうとする。　　　　　　　　（1月）

　これは，ほかの仲間は上手に独楽を回しているのに自分はうまくできない，その恥ずかしい自分の名前を学生から隠しているエピソードである。独楽回しを上手にできない自身の姿をみられること以上に，その自分の名前を知られるのが恥ずかしいのである。これは，まさに名前が自身と同じように，いやそれ以上に人格を代表するものとして実感されてくることを示すものではなかろうか。だからこそ，できない自分の姿を他者の目にさらすこと以上に，その自分の名前をみられることに恥ずかしさを覚えるようになってくるのである。

名前の呼び捨て

　自己を代表するものとして，パーソナルな呼び名以外にも指示代名詞による名づけがある。たとえば，自分のことを〈私〉〈おれ〉と呼称する指示である。しかし，これら指示代名詞はパーソナルな名前とは異なる。岡本（1999）は，「『私』は私においてしか成立しえない。『私』としての経験を語るしかない。そしてそれぞれの人が『私』である限り『私』という人間は無数であり，その意味において，それぞれの〈私〉は匿名的である。これに対して名前で表され

る人は,特定の1人として自他が認める社会的実在者として存在する(p. 192)」「『私』という語が,独立して提示されたとき,それは誰かわからないし(あるいは誰でもありうるし),いかなる特定の物語をも表しえない(p. 193)」という。「私」や「あなた」と呼ぶものは発話者によって相対的に変わるが,名前は特定の誰かをいつも表すものなのである。その意味で,パーソナルな「名前」は「物語」,すなわち特定の個の生活史を宿しているのであり,同じように自己を代表しても,そこにパーソナルな名前と「私」という指示代名詞が担うものは異なってくるのである。パーソナルな名前は,まさにその固有の人格性を宿してくるのである。

◆2,3人の年少児の男児が積木で何か作っている。一緒に遊んでいたある子どもが「もとや」と声をかけると,もとやは「呼び捨てにするな」と怒る。すると,その子どもは「もとやくん」と言い直す。同じ場面でH男はT男に「おまえのうちな…」「おまえな…」と盛んに〈おまえ〉を呼称している。T男は「おまえばっかし言ったら,じぶんがおまえになるで」とH男に怒ったように抗議をする。〈おまえ〉じゃなくて,自分には名前があるといわんばかりにである。　　　　　　　　　　　　　(12月)

たしかに「おまえ」は乱暴に聞こえるが,「じぶんがおまえになるで」は,そのことだけへの抗議ではない。上のエピソードでは,まさに特定のこの私を何度も「おまえ,おまえ」と匿名的な指示代名詞で呼び替えられたことへの異議申し立てでもあるように思える。

ところで発達的には,子どもは自分を「～ちゃん」と名前で呼ぶことから始まり,2歳近くになると,〈わたし,あなた〉といった代名詞による表現がみられはじめる(岩淵・村石,1992)。西川(2003)は,その後の自称詞(自分をいかに呼ぶか)を発達的に研究しているが,年中児も5歳頃になると相手や状況に応じて自分を「ぼく,おれ,わたし」といった人称代名詞や名前を使い分けて呼び,相手のことも「～くん(さん)」「おまえ」と名前や人称で呼称を使い分けることがみられる。呼称の仕方が,状況に応じた自他の関係性や相手と

の関係のあり方を表示するものとして意識されてくるのである。そして，子どもにとっては，しだいに相手が自分のことをいかに呼称するかが大切な問題にもなってくるのである。したがって，ときに呼称は人格を攻撃し辱める手段として使われるようにもなってくる。

　心理的な親しさや一体感を確認し合うために乱暴に呼び捨てにするとか，ニックネームで呼び合うといったこともみられる。しかし相応しくない状況で呼び捨てにされるとき，あたかも自己の人格をないがしろにされたように感じることが年中児にはみられるようである。

　◆年中児の〈はるき〉は，お片づけの時間になり砂場の手押し車を片づけようとしている。車のなかの砂を戻したがまだ少し残っていたまま，車を向こうにしまいに行こうとする。それをみた女児が〈はるき〉を追って，さいしょは「はるきくん，まって」と声をかけるが聞こえないふりをしてもって行こうとしたので「はるき」と呼び捨てで声をかけると，「はるきって呼び捨てにすんな」と怒る。　　　　　　　　　　　　　　（10月）

　◆年中の男児が，お誕生日に母親にケーキをつくってもらう話から，きのう寝る前に食べたチョコレートの話へ，そして虫歯になる話へといった会話内容の流れで語り合っている。観察者の筆者は傍で聞いていて，つい「Ｓは？」と呼び捨てにしてたずねると，Ｓ男から「なまえ呼び捨てにすんな」と注意され，これから「くん」づけで呼ぶことを約束する。するとＳ男を含むその場にいた３人全員と「ゆびきりげんまん…うそついたら，はりせんぼんのーます」と指きりすることになった。　　　（12月）

　このエピソードは，自分の名前が他者から呼び捨てにされて抗議したものである。名前の呼び捨ては，たしかに自他の心理的な親近感を確かめ合うといった意味合いをもっているが，保護者でもない者からいわれもなく呼び捨てにされるのは，まさに自分が粗略にされているといった感覚を伴い，それが抗議となってあらわれたのであろう。これも，名前が自己と等価な人格性を帯びはじ

めてくることを示唆するものではなかろうか。

あだ名

あだ名は愛称にもなるが，しばしばその人格性を侮辱し卑しめ，相手を攻撃する手段にも用いられる。幼児でもみられるが，小学生にもなるとあだ名をつけることは一般的になってくる。それでは，あだ名で仲間をからかう，あだ名でもって仲間をいじめるといった行為はいつ頃からみられるのであろうか。

> ◆年長の男児が遊戯室で泣いている。保育者が事情を聞くと，ある女児がその男児から「とんかつ，とんかつ」とはやされて腹が立ち男児を蹴って泣かしたようである。保育者は女児を叱りながら，「自分のことをそんな風に呼ばれたら嫌でしょ」とその男児にも説教している。そして周りの男児に「皆も自分の名前をどんな風に呼ばれたら嫌？」ときくと，たいわくんは「たいやき」，くわばらまさゆきくんは「くま」，よねざわ（米沢）くんは「こめ」と口々にいう。せんせいが「しょうくんは？」と尋ねると，他の子どもが「しょうゆ」と答えてくれる。　　　　　　　（6月）

> ◆泣き虫の年長児T男が今日も泣いている。どうしたのかとたずねると，T男は「Tには"T"って名前があるのに，アスパラって言いはんねん」と，女児にあだ名を言われたと訴える。　　　　　　　　　（6月）

いずれも，本当の名前があだ名で呼ばれることは自分も傷つくが，ときにそれが相手をけなす行為や攻撃の手段になること，すなわち相手の人格性に触れることが明らかに意識されている。やはりここでも，それだけ子どもにとってパーソナルな名前がその人の人格性と不可分な関係になってくることを示している。

自己を名前で紹介する

園への訪問者をつかまえると，年少児でも自分の名札をみせにくる。年中児

になる頃には自分の名前を教えるだけでなく,「おじちゃん,お名前は何ていうの？」「何ていう名前なの？」と他者の名前をたずねるようになる。年長児になる頃には「ぼく（わたし）の名前を知ってるか？」と,胸の名札を隠してクイズのように聞いてくることもみられるようになる。このように名前によって他者を知ろうとしたり,自己を名前によって紹介しようとする行動は,子どもが名前を自他の社会的同一性を表示するものとして捉え始めたことを示すものである。

　◆筆者が週に1回観察に訪れている幼稚園であるが,年少児の自由遊びの様子をみていると,女児がそばにやってきて自分の名札をみせにくる。その名前をすばやくみて筆者が「〜ちゃん？」と呼ぶと,女児「なんだ,知ってるのか！」といって,向うへ行く。　　　　　　　　　　　（10月）

　◆遊戯室で積木を道のように並べ,並べておいた高さの異なる跳び箱を渡り,最後の一番高い跳び箱から下のマットに跳び下りるといったコースで繰り返し遊んでいる新入の年中児T子がいる。その様子をみていた3年保育児である年中女児のY子はT子をつかまえて「何ていう名前？」と尋ねている。するとT子はじぶんの名札を指しながら「ここに（指さし),わかるやんか」と言う。T子はY子の名札をみて「〜ちゃんか」と名前をつぶやく。　　　　　　　　　　　　　　　　　　　　　　　　（6月）

これらのエピソードのように,名前でもって紹介する,名前でもって相手を知りたいという行為がみられるようになってくる。

　◆観察の学生が七夕の笹のところにいると,年長の女児がやってきて「あのね,〈さわだきり〉っていうの」と自己紹介してくる。そして「さわだってもう1人いるんだけど,あっちは〈ちあき〉で,わたしは〈きり〉なの」と言う。　　　　　　　　　　　　　　　　　　　　　　　　　（7月）

たとえ姓が同じでも下の名前が違うことへのこだわりに,名前が自己同一性

の表示にとって大切なものであるという意識をみることができる。このような行動や意識も、やはりパーソナルな名前が自己という人格の唯一性と分ち難く結びついてくるからではなかろうか。

このように、人の名前はたんなる指示機能をもつだけでなく、しだいに人格的な同一性を含意する代表記号となってくるのである。それが、たとえ顔は見知っていても相手の名前を尋ねる、相手に自己の名前を知ってもらう、名前で自己紹介するといった行動にもなって現われてくるように思われる。

4 まとめに

養育者や保育者による名づけは、多くの場合に「〜くんは…ね」「〜ちゃんは…」と、ほめられたり、叱られたり、励まされたり、「〜ちゃんの方が…」と他児に比較されたりといった文脈のなかでなされる。そのような自分への評価的なまなざしのなかで、子どもは自己の像を形づくっていく。そのような過程のなかで、いつしか自分の名前自体が自己の人格的な実体性を帯びるようにもなってくるのである。まさに名は体を表すである。たんなる指示的な関係を超えて、自分の名前が社会人格的な同一性をもち、名前そのものに自己の人格的な実体性が浸透してくるのである。

この世に生を受けた赤ちゃんにはパーソナルな固有の名前が付与される。しかし、それはいつまでもたんなる恣意的な指示記号には留まらない。他者に名づけられ、自分が名乗るなかで、あたかも肉づきの面のように、名前そのものが自己の人格として一体化していく。名前そのものがあたかも人格性をもつかのように機能していくのである。その分ち難い相互浸透的な関係性は、「自分の名前は自分で作っていく」「自分の名前に責任をもつ」といった表現がなされることからもうかがえる。逆に、名前そのものが人格をつくっていくことさえみられる。たとえば落語や歌舞伎の世界において先代の名跡を襲名するとか、元服前の幼名を改め、新たな名前をいただくといった儀式もそのような意味合いをもつのではなかろうか。たしかに、襲名するのに相応しい技量や人格を備

えてきたこともあろうが，他方では襲名はその名前に負けないようにという自覚を生み出し，新たな名づけが人を人格的にも大きく育てていく契機ともなるのではなかろうか。また，異なる名前をもって交替する多重人格者なども興味深い問題となって立ち現れてくる。

　以上のような視座から，人の名前や名づけという行為を見直すとき，それは自己認識の発達や人格形成にとっても重要な問題を孕んでいるように思われる。

むすびに

　これまで長い間，保育の場で子どもたちの生活を観察する機会をもつことができた。それにともない記録されたエピソードは整理も十分でないまま積み上がってきたが，それらの具体的なエピソードから，筆者なりに子どもの発達をストーリーとして描こうと試みてきた。その成果は，すでに数冊の著書として刊行することができた。本著はそれらの続編として位置づけられるものである。しかし今回の著書では，とくに幼児教育の課題や保育の場における子ども理解といったテーマにも言及し，また保育者のかかわり方や役割などといった現場的な問題にも触れられている。

　ところで，保育の場においてエピソードをとっていると，いつも同じ感情にとらわれることがある。それは前著でも，「保育の場で，日々の子どもたちの言動に接しているとじつに興味深く，その育ちの早さにはしばしば驚かされる。もちろん，幼児はまだ幼稚さを残し，その知識も十分ではない。にもかかわらず，ときにわれわれ大人と同じような光と影の複雑な行動パターンの原型をすでにみる思いがする。その意味で，幼児期は人格発達の基本型が形成される大切な時期であることが実感される（『子どもはどのようにして〈じぶん〉を発見するのか』フレーベル館，p.227）」と述べた。

　たしかに幼児ではまだ生活経験が乏しく，とうぜんその知的能力にも未熟さや限界があることは言うまでもない。しかしながら，少なくとも年長児にもなると対人的な感情や言動をみていると，その構造（パターン）は基本的にわれわれとあまり違わないようにも思われる。むろん，その原因となることや表現の仕方はわれわれと異なるかもしれないが。遊びのなかで，われわれが思わず苦笑いしたくなるような仲間とのかけひき，ときに巧みな仲間の排除，保育者や仲間の顔色をうかがいながらの行動…といった姿をみていると，われわれ大人の世界の縮図をみているような，われわれと重なっているような不思議な感

じにとらわれるのである。まさに，そこにわれわれの原型があるといった感じである。もちろん子どもの言動はまだまだ稚拙であり，子ども独自の世界がみられることを否定するものではない。また，われわれ大人の世界を安易に子どもに投影してみるとか，逆に大人にはない純真で無垢な世界をロマン主義的に子どもに押し付けてみることは慎まねばならないとしても。

　そのような子どもの姿をみると，幼児期は人格的な基本が形成され象(かたど)られていく大切な時期であるように思われる。それだけ，養育環境や園における幼児教育や保育がその形成に大きな影響を及ぼすことが推測される。本著に描かれている子どもの姿をみれば，まさにそのような影響の重要性が実感していただけるであろう。

　本著でも，子どもの育ちや保育を考えるにあたって多くのエピソードが用いられている。それらの多くは京都教育大学附属幼稚園，私立小松こばと保育園，北陸学院大学附属第一幼稚園での筆者によるエピソード記録であり，それ以外にも多くの園の公開保育の際に観察したエピソードが元になっている。また，筆者の授業で京都教育大学と京都大学の学生・院生によって報告された観察エピソード，京都府私立幼稚園連盟，大阪府私立幼稚園連盟の研究プロジェクトチームに指導・助言者として参画した際に報告されたエピソード資料などからも引用させてもらった。さらに助言者や講演者として参加した全日本私立幼稚園連合会設置者・園長全国研修大会，第55回全国国立大学附属幼稚園研究集会（鹿児島大会），金沢大学，滋賀大学，大阪教育大学，弘前大学，お茶の水女子大学の各附属幼稚園などにおける研修会・研究発表会において報告されたエピソードなどからも筆者独自の読み取りのもとに資料として活用させてもらった。これら多くの園での興味深いエピソードや，多数の保育者との話し合いから得られた示唆は多く，これらがなければおそらく本書の誕生もなかったであろう。上述した園ならびに諸先生方，受講生諸君には厚くお礼を申し上げたい。そして，それらのエピソードを提供してくれた数多くの子どもたちにも心から感謝したい。

　本著がたんに前著3冊の焼き直しではなく，以前の拙著とは異なる新たな視

むすびに

点や情報を提供できたかどうかははなはだ心配なところではある。筆者なりの視点からエピソードを織り混ぜながら子どもの育ちや保育の問題を論じてきたが、それらが的を得たものであるかどうかは読者諸氏からの厳しい評価と批判を仰ぎたい。研究者のみならず、とくに保育現場の先生方からは率直なご意見やご教示をいただきたい。本著が保育の場で幼児への理解を深めていく手がかりとして役立つなら、筆者としてはこれに勝る幸いはない。

　最後になったが、『〈わたし〉の発達』に続いて今回の出版に労をとっていただいたミネルヴァ書房編集部の寺内一郎さん、それを引き継いで丁寧な編集をしていただいた吉岡昌俊さんにはお礼を述べたい。そして本著の誕生を期待して待ってくれた妻の陽子にも感謝したい。

　　2011年2月

岩田　純一

参 考 文 献

麻生　武　2002　乳幼児の心理：コミュニケーションと自我の発達　サイエンス社
Bates, E. et. al. 1988 *From first words to grammar.* Cambridge University Press.
Bernstein, B. 1961 Social structure, language and learning. *Educational Research*, **3**, 163-176.
Bower, T. G. R. 1977 *A primer of infant development.* W. H. Freeman. 岡本夏木・野村庄吾・岩田純一・伊藤典子（訳）　1980　乳児期　ミネルヴァ書房
第17次プロジェクトチーム岩田班・研究紀要　2009　大阪府私立幼稚園連盟教育研究所
第19次プロジェクトチーム岩田版・研究紀要　2011　大阪府私立幼稚園連盟教育研究所
第23回全日本私立幼稚園連合会設置者・園長研修会研究講座「１．教育」の報告資料：黒田秀樹による，2007
第25回近畿地区私立幼稚園教員研修大阪大会分科会「聞く・話すことからコミュニケーションへ」の発表資料，2010
第55回幼稚園教育研究集会鹿児島大会全体会提案資料：中田幸江による，2009　全国附属学校連盟幼稚園部会
榎本博明　2006　自立心の心理学　児童心理，**60**(8)，2-10.
Erikson, E. H. 1959 *Identity and life cycle.* International University Press. 小此木啓吾（訳編）　1973　自我同一性　誠信書房
Frith, U. 1989 *Autism: Explaining the enigma.* Basil Blackwell. 冨田真紀・清水康夫（訳）1991　自閉症の謎を解き明かす　東京書籍
藤崎春代　1982　幼児の報告場面における計画的構成の発達研究　教育心理学研究，**30**，54-63.
藤崎春代　2003　園生活の流れを理解することの重要性と難しさ　帝京大学心理学紀要，**7**，11-25.
刑部育子　1998　「ちょっと気になる子ども」の集団への参加過程に関する関係論的分析　発達心理学研究，**9**，1-11.
早川勝広　1986　小学校１年生のことばとの出会い　日本書籍
今井和子　1995　子どもとことばの世界　ミネルヴァ書房
岩淵悦太郎・村石昭三　1992　幼児の用語　日本放送出版協会
岩田純一　1987　表現としてのことば　岡本夏木（編）　講座：教育の方法　第４巻　ことばと教育　岩波書店，pp. 106-145.
岩田純一　1990　ことば　無藤　隆・髙橋惠子・田島信元（編）　発達心理学入門Ⅰ　東京

大学出版会，pp. 108-128.
岩田純一　1994a　(1)保育の心理学：知性と感性を育む保育　岡本夏木・河嶋喜矩子（編）幼児教育を学ぶ人のために　世界思想社，pp. 241-257.
岩田純一　1994b　乳幼児のメタファー　京都教育大学紀要，**85**，29-41.
岩田純一　1995　教育心理学を学ぶ人に　岩田純一・梅本堯夫（編）教育心理学を学ぶ人のために　世界思想社，pp. 223-237.
岩田純一　1998　〈わたし〉の世界の成り立ち　金子書房
岩田純一　2001a　〈わたし〉の発達：乳幼児が語る〈わたし〉の世界　ミネルヴァ書房
岩田純一　2001b　幼児教育の基本　岩田純一・河嶋喜矩子（編）新しい幼児教育を学ぶ人のために　世界思想社，pp. 3-25.
岩田純一　2002　自己を作る鏡と鑑　梅本堯夫（監修）落合正行・土居道栄（編）認知発達心理学　培風館，pp. 229-251.
岩田純一　2004a　他者との協同：協同的な学びの成立　初等教育資料，**104**（3），78-84.
岩田純一　2004b　特別論文Ⅱ：原点としての子ども　平木典子・稲垣佳世子・岩田純一・高橋惠子・内田伸子・湯川隆子（編）児童心理学の進歩　金子書房，pp. 300-328.
岩田純一　2005　子どもはどのようにして〈じぶん〉を発見するのか　フレーベル館
岩田純一　2008a　文化的認知論：ブルーナー派のアプローチ　田島信元（編）文化心理学　朝倉書店，pp. 114-130.
岩田純一　2008b　記憶と自己の発達　心理学評論，**51**，24-36.
岩田純一　2009　ルール意識と自律性の育ち　児童心理，**63**(8)，18-24.
岩田純一　2010a　講演録「幼児期における協同性の育ち」第55回幼稚園教育研究集会報告書（鹿児島大会：鹿児島大学教育学部附属幼稚園）　全国国立大学附属学校連盟幼稚園部会
岩田純一　2010b　幼児期における協同性の育ち　事例集「協同して遊ぶことに関する指導の在り方」全国国立大学附属学校連盟幼稚園部会，pp. 7-11.
岩田純一・藤井綾子　1995　幼児における他者信念の理解に関する研究　京都教育大学紀要，**86**，1-17.
市川伸一　2001　学ぶ意欲の心理学　PHP新書
門脇厚司　2010　社会力を育てる　岩波新書
加用文男　1991　子どもの精神発達における科学と文学の問題　山崎愛世・心理科学研究会（編）遊びの発達心理学　萌文社，pp. 224-257.
国立国語研究所　1972　幼児の読み書き能力　東京書籍
鯨岡峻　1995　ことばの功罪　けいはんな発達研究会配布資料
栗原彬　2003　「山びこ学校」を読む　小谷敏（編）子ども論を読む　世界思想社，

pp. 2-31.
松永あけみ　2005　幼児期における他者の内的特性理解の発達　風間書房
文部科学省　2008　幼稚園教育要領解説　フレーベル館
本吉圓子　1979　私の生活保育論　フレーベル館
村瀬　学　2010　「あなた」の哲学　講談社現代新書
無藤　隆・内田伸子・齊藤こずえ　1986　子ども時代を豊かに：新しい保育心理学　学文社
西林克彦　1994　間違いだらけの学習論　新曜社
西川由紀子　2003　子どもの自称詞の使い分け：「オレ」という自称詞に着目して　発達心理学研究, **14**(1), 25-38.
岡本夏木　1982　子どもとことば　岩波書店
岡本夏木　1985　ことばと発達　岩波書店
岡本夏木　1986　ピアジェ，J. 村井潤一（編）別冊発達，4　発達の理論をきずく　ミネルヴァ書房, pp. 127-161.
岡本夏木　1999　言語発達研究を問い直す　中島　誠・岡本夏木・村井潤一（編著）ことばと認知の発達　東京大学出版会, pp. 141-201.
岡本夏木　2001　心理学から見た言語と認知の発達の概略と今後　辻　幸夫（編）ことばの認知科学事典　大修館書店, pp. 179-192.
岡本夏木　2009　言語使用の発達と教育：意味の成層化とストーリー化　発達心理学研究, **20**(1), 13-19.
大場幸夫　1987　現代状況を映した「生活原理」に着目して　発達, **30**, 66-73.
大井　玄　2007　「痴呆老人」は何をみているか　新潮新書
Piaget, J., & Inhelder, B. 1956 *The child's conception of space*. Routledge and Kegan Paul.
Rosenthal, R., & Jacobson, L. 1968 *Pygmalion in the classroom: Teacher expectation and pupils' intellectual development*. Holt, Rinehart & Winston.
榊原知美　2006　幼児の数的発達に対する幼稚園教師の支援と役割：保育活動の自然観察にもとづく検討　発達心理学研究, **17**(1), 50-61.
Strauss, S. 2005 Teaching as a natural ability implications for classroom practice and teacher education. In D.B. Pillemer & S.H. White (Eds.), *Developmental psychology and social change*. Cambridge University Press. pp. 368-388.
Strauss, S., Ziv, M., & Stein, A. 2002 Teaching as a natural cognition to preschoolers' developing theory of mind. *Cognitive Development*, **17**, 1473-1487.
高橋陽子　2008　伝え合い響き合うことば　幼児教育未来研究会報告資料
高杉　展　2009　連絡帳という記録をどう読み取るか　保育学研究, **47**(2), 144-146.
寺崎千秋　2006　学校でのルールやマナーの教育を考える　児童心理, **836**, 162-167.

トマセロ, M. 2006 *The cultural origins of human cognition.* 大堀壽夫・中澤恒子・西村義樹・本多 啓（訳）心とことばの起源を探る 頸草書房

友定啓子・入江礼子・白石敏行・小原俊郎 2009 子ども同士のトラブルに保育者はどうかかわっているか：500枚の保育記録から 平成19-20年度文部科学省科学研究費助成研究資料

津守 真 1987 子どもの世界をどうみるか NHKブックス，日本放送出版協会

鶴見俊輔 1999 教育再定義への試み 岩波書店

宇田川久美子 2007 「共に」の世界を生み出す共感 佐伯 胖（編） 共感：育ちあう保育のなかで ミネルヴァ書房，pp. 74-108.

植村美民 1979 乳幼児期におけるエゴ（ego）の発達について 心理学評論, **22**(1), 28-44.

Ueno, A. et. al., Brain activity in an awake chimpanzee in response to the sound of her own name. *Biological letters,* published online 16 December 2009 doi: 10.1098/rsbl.2009.0864.

内田伸子 1982 幼児はいかに物語を創るか？ 教育心理学研究, **30**, 212-222.

内田伸子 1985 幼児における事象の因果的統合と産出 教育心理学研究, **33**, 124-134.

内田伸子 1998 発達心理学：ことばの獲得と教育 岩波書店

渡部信一 2005 ロボット化する子どもたち 大修館

百合本仁子 1981 1歳児における鏡像の自己認知の発達 教育心理学研究, **29**, 261-266.

索　引

あ行

愛着関係の成立　119
相手を思い遣ることば　157
遊びイメージ　7
あだ名　212
生きる力　44
いざこざ　17
一次的ことば　179, 180, 196
意味づけの行為（acts of meaning）　98
意味づけるモデル　105
うそっこ　137
内なる語り　197
エピソード記録　94, 105, 107
エピソード検討会　107
エピソードの記述　95, 96
エピソードの読み取り　113
エリクソン（Erikson）　71
教える　46, 47
お便り帳　66

か行

概念的なレッテル　81
会話年齢　131, 132
鑑　88
書きことば　128, 195
掛け声　174
語りことば　182, 184, 186
騙る　189
学校教育法　50
家庭での生活　66
感覚運動的な思考　77
環境移行　43
関係論的な視点　91
間主体的な関係性　92
間接的な発話（indirect speech）　148, 149
間接的な要求発話　150
関与しながらの観察（participant observation）　95

気遣うことば　157
機能的学習環境（functional learning environment）　60
規範意識　20, 22, 52
　　──の芽生え　44
基本的な信頼感　73
偽命名の遊び　208
客観的な記述　99
9歳の壁　51
鏡映像の研究　200
教科としての学び　51
共感的　80
　　──な想像力　81
教室での学び　60
教師の期待　86
共振　172
協同して遊ぶ　29
協同する体験（経験）　32, 44
共同性　18
　　──の意識　19, 31
　　──の育ち　30
協同性の育ち　27, 30
協同的な遊び　40
協同的な活動　38
協同的な関係　41
協同的な学び　29, 57
共鳴動作（co-action）　119
勤勉性の感覚　74
具体的操作期　79
限定（restricted）コード　182
行為シェマ　75
校則　53
交通整理者として　18, 161
口頭作文　185
心の理解　22, 140, 154
心の理論　11
誤信念課題　11, 140
個と共同性　4

225

個としての生活の充実　27
個と集団　28
ことばで教える　151
子ども理解　63
個の育ち　28
語の爆発期　122
個別の学び　57
コミュニケーション　167
5領域　41, 44, 50
根源的な共同性　129

さ行

三項的な関係　120
参与的な観察　114
司会者的な役割　167
司会者として　26, 162
　　──の役割　36
自我の強さ（virtue）　72
時間的な拡がり　64
自己言及的な行為　201
自己紹介　214
自己性の認識　121, 199
自己中心性（egocentrism）　78
自己中心的　131
　　──な心性　139
自己認識　110, 200
自己のアイデンティティ　197
自己の社会的同一性　208
自己の社会力　27
自己の同一性意識　205
自己の表現のメタ化　153
自己の表現のモニタリング　197
自己のメタ化　199
自己を振り返る　110
指示記号としての名前　206
指示代名詞　209
時熟　84
自称詞　210
自他の異質性　140
質問期　124
自発性の感覚　74

自発的な規範意識　56
社会人格的な同一性　213
社会的自己同一性　207
集団での思考　49
主観　82, 93
　　──的な枠組み　85
主体的・能動的な活動　39
小1プロブレム　53
情動の共有　167
情報共有としてのことば　168
自立性なき協同性　31
自律性の感覚　73
自立的な共同性　25
自律的な道徳性　56
事例検討会　67, 113
真正の学び　58
身体性　169
心的状態に言及する動詞（mental verb）　124
親密な協同性　31
心理的な安全基地　6
心理的な因果律　101
心理的な拠り所　8
随伴的な教えぶり（contingent teaching）　49
ストーリー化して語る　101, 103, 189
　　──力　185
ストーリー的な因果律　98
砂場遊び　68
生活科　61
生活発表会　40
生活発表の場　185
正統的周辺参加　58
精密（erabolated）コード　182
世界を共有することば　127
総合学習　61
相互主観的な関係　94
相互主観的なやりとり　85
相互主体的な関係性　83
相補的なからだの響き合い　175
その後の教育の基礎　55

た行

第一次反抗期　123
体験談を語り合う　127
代弁　145
　──行為　147
対面的な会話ことば　183
他児との共同性　27
他者　4
　──から自己の内界を守ることば　126
　──性　43, 121, 125, 169, 172
　──性との出会い　125
　──の心の理解　157
　──の心を察する力　145
脱場面的な書きことば　184
脱文脈的なことばの理解　183
他律的な道徳性　56
中核的な自我　123
中継者として　8, 158
直接的な要求発話　150
直観的な思考　77
伝え合い響き合うことば　169
伝え合う（ための）ことば　122, 129, 167, 173
つながり・響き合うからだ　176
ディスコミュニケーション　112
伝達意図　120
同化と調節　75
同型的なからだの響き合い　175
徒弟制（apprenticeship）　58
共に遊ぶ生活者として　52

な行

内的特性への言及　127
仲間と交渉することば　126
名づけ　213
　──行為　202
納得可能なストーリー　114
名前で紹介する　212
ナラティブ的なストーリー化　187
二次的ことば　179, 181, 196
　──の発達　197
二次的な話しことば　184

ニュールック心理学　82
人称代名詞　210
根にもつ　64

は行

パーソナルな名前　203, 204, 210, 212
発達課題　72
発達危機　73
発達心理学　71
発達の最近接領域　84
発達や学びの連続性　45
発話意図　144
発話者の意図　148
発話のモニタリング能力　191
ピアジェ（Piaget）　71, 75
ピグマリオン効果　86
響き合うからだ　173
比喩表現　152
表現意識　151, 191
　──の高まり　192
表現へのメタ意識　153
表象的な思考　77
部厚いエピソード記録　115
不親切保育論　38
不連続な発達段階　76
保育環境　32
保育記録　95
保育者のエピソード報告　113
保育者の仲裁的調整　162
保育者のまなざし　90
　──方　88
保育所保育指針　27
保育知　67
保育年数　70
保育のエピソード　93
ほんと　137

ま行

まなざし　85
　──方　87
　──という鏡　86

――の変化　91
「学び」観　54
学びの様態　54
見立て　139
文字記号への興味　193
文字の学び　128
文字の読み書き　193
モニタリング　49
物語絵本の読み聞かせ　186
物語的（ナラティブ）な認識方法　98
物語る（ナラティブ）ことば　123, 124
モノの名前の恣意性　204
モノへの行為の共有（joint action）　122
モノへの注意の共有（joint attention）　122

や行

指さし（pointing）　120
幼小の円滑な接続　3, 45, 54
幼小の接続　61
幼稚園教育要領　3, 27

ら行

領域横断的な育ち　32
量の不変性　78
連語表現の習得　123
連絡帳　66
論理的な操作　78, 79

《著者紹介》

岩田　純一（いわた　じゅんいち）
　　1946年生まれ
　　1973年　京都大学大学院研究科博士課程中退
　　1985年　教育学博士（京都大学）
　　現　在　北陸学院大学人間総合学部教授（京都教育大学名誉教授）
　主　著　『幼児・児童の概念形成と言語』（共著）東京書籍，1983年
　　　　　『発達心理学』（共著）有斐閣，1992年
　　　　　『児童の心理学』（編著）有斐閣，1995年
　　　　　『教育心理学を学ぶ人のために』（編著）世界思想社，1995年
　　　　　『〈わたし〉の世界の成り立ち』金子書房，1998年
　　　　　『新しい幼児教育を学ぶ人のために』（編著）世界思想社，2001年
　　　　　『〈わたし〉の発達』ミネルヴァ書房，2001年（日本保育学会保育学文献賞受賞）
　　　　　『子どもはどのようにして〈じぶん〉を発見するのか』フレーベル館，2005年
　　　　　　　　　　　　　　　　　　　　　　　　　　　　その他

子どもの発達の理解から保育へ
──〈個と共同性〉を育てるために──

2011年7月10日　初版第1刷発行　　　　　　　　検印廃止

定価はカバーに
表示しています

著　者　　岩　田　純　一
発行者　　杉　田　啓　三
印刷者　　中　村　知　史

発行所　　株式会社　ミネルヴァ書房
　　　　607-8494　京都市山科区日ノ岡堤谷町1
　　　　電話075-581-5191／振替01020-0-8076

© 岩田純一, 2011　　　　　中村印刷・新生製本

ISBN978-4-623-06067-2
Printed in Japan

〈わたし〉の発達	A 5 判／236頁
──乳幼児が語る〈わたし〉の世界	本体　2400円
岩田純一／著	

岩田純一／著

子どもとことばの世界　　　　　　　　　　　　四六判／248頁
　　──実践から捉えた乳幼児のことばと自我の育ち　本体　1800円
今井和子／著

共　感──育ち合う保育のなかで　　　　　　　四六判／232頁
　　　　　　　　　　　　　　　　　　　　　　本体　1800円
佐伯　胖／編

保育のためのエピソード記述入門　　　　　　　A 5 判／256頁
　　　　　　　　　　　　　　　　　　　　　　本体　2200円
鯨岡　峻・鯨岡和子／著

エピソード記述で保育を描く　　　　　　　　　A 5 判／272頁
　　　　　　　　　　　　　　　　　　　　　　本体　2200円
鯨岡　峻・鯨岡和子／著

発達障害児・気になる子の巡回相談　　　　　　四六判／232頁
　　──すべての子どもが「参加」する保育へ　　本体　2500円
浜谷直人／編著

保育発達学［第 2 版］　　　　　　　　　　　　A 5 判／248頁
　　　　　　　　　　　　　　　　　　　　　　本体　2400円
服部照子・岡本雅子／編著

双書　新しい保育の創造
幼児教育の原則──保育内容を徹底的に考える　A 5 判／210頁
　　　　　　　　　　　　　　　　　　　　　　本体　2000円
無藤　隆／著

双書　新しい保育の創造
保育・主体として育てる営み　　　　　　　　　A 5 判／296頁
　　　　　　　　　　　　　　　　　　　　　　本体　2200円
鯨岡　峻／著

双書　新しい保育の創造
「気になる」子どもの保育　　　　　　　　　　A 5 判／212頁
　　　　　　　　　　　　　　　　　　　　　　本体　2200円
藤崎春代・木原久美子／著

── ミネルヴァ書房 ──

http://www.minervashobo.co.jp/